爱立方
Love cubic

育儿智慧分享者

微信扫描以上二维码，或者搜索"爱立方家教育儿"

公众号即可加入"爱立方家教俱乐部"，阅读精彩内容：

家有宅小孩妈妈怎么办

宅仅仅是表象，由此引发的无感更可怕！

〔中国台湾〕杨嘉敏／著

北京理工大学出版社

BEIJING INSTITUTE OF TECHNOLOGY PRESS

图书在版编目（CIP）数据

家有宅小孩，妈妈怎么办 / 杨嘉敏著. — 北京：北京理工大学出版社，2016.7

ISBN 978-7-5682-2134-4

Ⅰ.①家… Ⅱ.①杨… Ⅲ.①家庭教育 Ⅳ.①G78

中国版本图书馆CIP数据核字（2016）第071922号

本书通过四川一览文化传播广告有限公司代理，经台湾凯信企业管理顾问有限公司授权出版、发行。

著作权合同登记号 图字：01-2015-8565

出版发行 / 北京理工大学出版社有限责任公司

社　　址 / 北京市海淀区中关村南大街 5 号

邮　　编 / 100081

电　　话 /（010）68914775（总编室）

　　　　　（010）82562903（教材售后服务热线）

　　　　　（010）68948351（其他图书服务热线）

网　　址 / http://www.bitpress.com.cn

经　　销 / 全国各地新华书店

印　　刷 / 三河市金元印装有限公司

开　　本 / 700 毫米 × 1000 毫米　　1/16

印　　张 / 13.25　　　　　　　　　　　　　　责任编辑 / 武丽娟

字　　数 / 150千字　　　　　　　　　　　　　文案编辑 / 武丽娟

版　　次 / 2016 年 7 月第 1 版　 2016 年 7 月第 1 次印刷　　责任校对 / 周瑞红

定　　价 / 30.00元　　　　　　　　　　　　　责任印制 / 边心超

别让孩子成为冷感宅世代

从挡救护车的"中指萧",到殴打司机后还公然说谎的女艺人Makiyo,再到因醉酒驾车,而让一个原本圆满的家庭瞬间破碎的"叶少爷",诸如此类的社会新闻屡见不鲜。这些事件之所以能引起社会的广泛关注、能引起网友们的口诛笔伐,主要是因为这其中有种令人感到难以测知的"冷感"和令人难以置信的"无感"。"无感",已经成为当今社会的一个主要特征。

"怎么会这样呢?""该怎么办?"这是那些关心这个社会、关心下一代的社会民众普遍担忧的问题。当既"冷感"又"无感"的事件接二连三地发生时,手足无措的我们才突然意识到,我们的下一代,会不会在这样一个无感的社会氛围中,成为无感难民呢?

我衷心地盼望各位读者,能够运用自身的影响力给社会加温,这也是人间福报办报的宗旨:不仅要让人间处处有温暖,更期望读者通过阅读本报，保温并加温对这个社会的信任与期待，让大家都能散发出生命的馨香！

嘉敏老师长期以来，一直负责人间福报"少年及家庭"版，她将自己对写作及教育的热忱与期待，借用文字来具体表达。在她笔耕的过程中，我们可以深切地感受到她的温度。身为一线的教育工作者，在与孩子们的相处过程中，她深切地感受到，无感的社会对下一代的伤害有多么可怕！

在本书中，嘉敏对目前孩子们生活中各个层面的"无感"现象，作了很深入的观察；以亲身的教学实践，向大家分享消除孩子身上"宅病毒"的方法，让孩子成为有感、有温度的人。

最后，我想再次呼吁大家，抢救"无感"宅小孩，是我们共同的责任！你我皆有正面的影响力，切勿妄自菲薄！

人间福报总主笔 柴松林

因为"宅"更要好好教

科技，让人类的生活发生了翻天覆地的变化。目前，最明显且方兴未艾的风潮，莫过于"宅"这个字眼了！"宅"这个字，曾入围过台湾地区一年一度的代表字选拔，而且不止一次，其影响力可见一斑！

宅风一吹，"宅世代""宅男（女）"及"御宅族"等应运而生，"宅"已成为现代人生活最主要的风格。这样的生活风格，看似是一种走在时代前列的流行与趋势，但时间一久便会开始产生各种副作用。因为"宅"，所以有很多适婚年龄的青年男女流连在网络上，而不愿走出户外去寻找属于自己的春天；因为"宅"，所以"秀才不出门，也可知天下事"；因为"宅"，所以各种网络犯罪不断发生。这些副作用让大人都感到难以控制和预防，那对于天真纯洁、涉世不深的孩子来说，又意味着什么呢？

曾有一位母亲向报社投稿，描述她的一对儿女。十岁的哥哥回家只想上网打游戏，五岁的妹妹放学后只想看电视、吃零食，因为他们觉得在学校太累了，回家后就不想再动了。父母得用半强迫的方式，才能将他们带出家门。这位妈妈感慨道："以前处罚孩子是不让他们出去玩，现在带他们出去玩，反而好像是在处罚他们。"这个真实的故事，虽然只是社会的一个缩影，但"宅"风显然已经在孩子们生活的各个层面开始发酵了！

太"宅"的孩子容易无感。孩子放假或过周末，在家里不是上网就是看电视、玩电脑，父母想带他们出去玩，他们也无动于衷。于是，他们在家里整天黏着网络、在学校整天黏着手机，这种"宅小孩"真令人担忧！

有些孩子，写日记只能写三两句，写作文又是流水账，让他们表达心得感想也说不出个所以然。学习的动机，只是为了应付考试和大人而已。总之，他们的生活，缺乏生活的真实感动和深刻体验，他们对学习既无感又无力！

科技虽然能带给孩子前所未有的生活便利和生活体验，但是却不能让孩子对道德有更深切的体会。这难道是我们在追求科技日新月异的同时，所要付出的代价吗？道德已成为书面上的生硬规定，却无法成为落实在生活中的美德。

对钱无感的小孩真可怕！如果未来的主人公对金钱无感，那么家长给他们再多的金山与银山，都无法满足他们在物质上的需求。他们也将会迷失在各种物质享受中。所以对钱无感的小孩，比败家子更可怕！

宅风虽然可以让孩子心甘情愿地在家里宅下去，但这并不代表他和家人的亲情会与他在家的时间成正比。相反的，孩子在家里最亲密的伙伴，可能只是电脑或电玩。孩子的幸福感，不是源于父母的关爱，而是源于玩不腻的电玩、上不完的网站。这种对亲情无感的小孩，由于感受不到亲情的滋润，他们的生命就会如同枯木般逐渐凋零……

综观孩子生活的各个层面，"宅"就像一个威力巨大的传染病病毒，迅速且全面地侵入孩子的生活中。当家长的，难道愿意眼睁睁地看着孩子染上"宅"病毒，导致孩子对生活、学习、道德、金钱及亲情无感，甚至使生活全面瘫痪……

我就是无法眼睁睁地继续看下去，所以才会想写这本书。因为在我的身边、在我的教学实践中，到处充斥着无感的孩子、充斥着对无感的孩子既无力又无奈的家长。如果整个社会到处充斥着"无感""无力"及"无奈"的人们，我们还会相信"明天会更好"吗？

本书将从生活、学习、道德、金钱及亲情这五大层面谈起，引导读者检视现代孩子无感的现象、探讨产生无感的原因、分享改善无感的方法。相信这些内容，会让孩子成为一个"有感"的人、一个对生命有丰富感受的人，这是我的梦想，也是我的理想。让我们一起拥抱并守护孩子们的生活，让他们的生活有源源不绝的感动，这样的未来才是值得大家期待的！

目　录
CONTENTS

第一章　你的孩子"无感"吗?

一、孩子对生命的热度哪去了?　/ 002

二、越能轻松搞定生活,孩子就越"宅"　/ 005

三、"有感"父母的有感能力大解析 / 011

四、全方位了解孩子到底有多"宅" / 018

第二章　生活无感——"太宅"的孩子容易无感

一、"宅"已经成为一种全球的生活风潮!　/ 030

二、宅世代的副作用,挑战师长们的智慧 / 035

三、三管齐下,让孩子不再无感 / 043

四、提升生活有感度 / 051

五、生活有感的补充配方 / 054

第三章　学习无感——无感的学习难以快乐

一、别让不当的期待扼杀了孩子的学习兴趣 / 062

二、常常威胁孩子，容易形成孩子低逆商 / 066

三、学习障碍，别错过黄金治疗时机 / 070

四、用差异和变化了解学习无感的原因 / 076

五、学习不只是为了考试和成绩 / 081

六、从借口中了解孩子的学习情况 / 086

第四章　道德无感——有感的道德才能成为真美德

一、孩子道德无感，父母应从自身做起 / 096

二、校园欺凌问题，突显品德教育的急迫性 / 103

三、道德发展，最好能达到知行合一的境界 / 110

四、正义和道德常常面临的两难问题 / 119

五、有感的道德，才能成为真美德 / 125

第五章　金钱无感——对钱无感的小孩真可怕！

一、别让孩子成为不知人间疾苦的小皇帝 / 134

二、塑造孩子的金钱观要从大人自身做起 / 142

三、提高孩子金钱有感度，请三思而行 / 146

四、多让孩子体会该如何运用金钱 / 158

第六章　亲情无感——别让无感幸福变成有感遗憾

一、无感的亲情，亲人间的沉默（没）成本 / 166

二、家长过于忙碌，疏于关心与管教亲情易无感 / 176

三、"情""理""法"维系社会人伦及秩序 / 181

四、爱，是亲情有感的热水瓶 / 192

跋 / 197

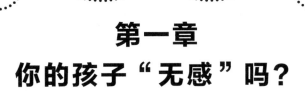

第一章
你的孩子"无感"吗？

　　日本有个流行的新兴名词——对爱无感症，即不想谈恋爱的年轻人。现代大部分的孩子吃得好、穿得好、用得好，很容易将他们所拥有的东西视为理所当然的，从理所当然到麻木、再到无感，甚至出现"何不食肉糜"的无感小孩。你的孩子有这样的情况吗？

一、孩子对生命的热度哪去了？

当家长的，你们有没有遇到过类似的情形：孩子放学回家后，问他今天学校情况怎么样？他说"还好"；问他今天有没有好玩的事情？他说"每天都差不多啊！"；问他今天在课堂上学到了哪些东西？他说"不知道！"。这样的回答，会让人觉得小孩今天似乎没去上学。当孩子写联络簿上的日记时，不是流水账，就是重复的题材，让大人很不理解，现在的小孩到底在做些什么？想些什么？

当一家人聚在一起吃饭时，妈妈问今天的饭好不好吃，有的孩子会勉强说个"还好"；有的孩子则用耸耸肩来表示"不知道"；有的孩子甚至还会说"外面的餐厅比较好吃"之类的话。有的妈妈被泼过几次冷水后，也就懒得再问了！

孩子吃完饭后，既不帮忙收拾餐盘或洗碗，也不帮忙分担其他家务。有的孩子吃完饭后急急忙忙地赶去上补习班；有的则一溜烟地跑到电视机前，当起电视观众；有的则神秘兮兮地钻进房间，把门关起来，不知道在忙些什么？桌上的剩菜剩饭，妈妈只能认命地收拾整理起来……

家里的客厅，按理说是一家人交流情感的地方，但实际情况往往是只剩下看连续剧的妈妈和看报纸的爸爸。看着看着，快要九点半了，妈妈又得准备宵夜。好不容易又到了全家人可以聚在一起的时间，但这时在外面补习的孩子，可能已经被各式各样的零食喂饱，一到家就把自己关进房间里，趁着仅存的自由时光，打开电脑上网和朋友聊天或打游戏，忙到连对爸妈说声"晚安"都顾不上；有的孩子，尤其是女孩子，私底下为了减肥而不想吃宵夜，于是和妈妈闹起别扭来，于是在同一屋檐下的一家人，仿佛像是不同房间的房客，很少有机会能够互相交流情感。

第二天早上，妈妈像个饭店的服务员一样，早早就起来做好早餐，然后叫孩子起床。好不容易才把他叫起来，可孩子不是挑三拣四地只吃几口，就是急急忙忙地冲出家门，出门前，总不会忘了跟父母要买早餐的零用钱。

到了学校，有些孩子看到老师都不懂得打声招呼或说声早；打扫卫生也不认真，还忙着跟同学聊天说笑。等到上课铃响后，班长一声："起立敬礼！"有些孩子坐下之后，刚开始还蛮认真地听讲，过了一阵子后，便开始偷偷看手机。老师在讲台上讲了半天，除了几个认真听讲的学生外，其余的不是发呆、昏昏欲睡，就是忙着做自己的事……上课主动提问的学生，实在是少之又少；面对老师的提问，有反应的也是屈指可数。下课后，学生们不是用手机听音乐、玩游戏，就是冲向商店，买各式各样的零食。

好不容易到了午餐时间，不管饭菜如何，总会有剩菜剩饭。到了下午三点多，学生们又冲进商店买零食。每当下午经过商店时，当老师的我，心里总是很纳闷，为什么中午不能多吃一点饭呢？如果能多吃一点，还用这样争先恐后地买零食吗？买零食的钱虽是小钱，但积少成多、聚沙成塔，几年算下来也是一笔可观的支出！

下课的时间，除了吃喝玩乐之外，也是孩子们社交生活的时间。在他们相处的过程中，既有女生骂男生"娘娘腔"、男生骂女生"男人婆"之类的语言欺凌，也有肢体上的行为欺凌。在学校互相攻击还不够，战火还要燃烧到网络上，匿名攻击的事件在网络上层出不穷。

到了周末假日，孩子除了要做作业、写评量及准备考试之外，大部分的时间，都"宅"在家里。孩子宁愿花时间与朋友在网上闲聊，或沉溺在网络及电脑游戏中，也不愿多接触大自然、多从事户外运动。时间久了，便成了名副其实的"宅小孩"。虽然有高科技产品的陪伴，但少了大自然的能量补给，生活视野渐渐变得狭窄起来，生命也变得单调枯燥起来……

孩子们以上的生活写真片段，似乎并不是什么非常要不得的行为，但仔细品味这些生活片段，在这些现象的背后，透露着一种淡淡的、冷冷的，甚至是一种"漠然"的感觉。它让人感觉不到孩子对生命的热度、生活的温度以及他们学习和做人的态度。

二、越能轻松搞定生活，孩子就越"宅"

当家长的，千万要记得一件事，现在什么都"不知道"或"还好"的小孩，长大以后就很可能会成为什么都"不知道"或"还好"的父母，然后他们的下一代，又继续"不知道"或"还好"，不断地恶性循环下去。

孩子的无感，与现代人的生活方式有着密切的关系！孩子的"不知道""还好"，也与他们的生活环境有着密切的关系。孩子身边的人，特别是父母，一定要以身作则。只有这样，才能避免让孩子继续"不知道""还好"，甚至"无感"下去。

以前交通和科技还不发达，生活中的各种小事，都得外出处理才行。但随着科技的发展，只要按按键，就能轻松搞定生活中的大小事。

这样的生活方式，造就了"宅世代"的生活风格。当父母的生活方式就是如此时，孩子就很容易在潜移默化中有样学样，跟着"宅"

起来。就像一则电视广告：妈妈在做饭时，要孩子查询料理的时间，孩子换了一下电视频道就查出来了！然后孩子又接着玩在线游戏。没过多久，爸爸回来了！爸爸想看自己喜欢的电视节目，孩子问爸爸，可不可以看卡通，爸爸想了想，就让孩子看他喜欢的卡通片。广告尾声说："父亲也可以成为孩子的好伙伴！"

没错！科技的确可以使生活更加便利。合理使用它们，也确实可以促进亲子之间的交流。但过度依赖3C（3C，指计算机Computer、通信Communication和消费类电子产品Consumer Electronics三者的结合，下同）科技产品，不仅是宅世代的共同生活特点，还会彻底地影响孩子的生活方式，让孩子也跟着"宅"起来！

孩子一到家，随便吃几口饭，就赶紧回房间上网或玩游戏去了！有的家长限制孩子使用电脑的时间，孩子就半夜起来偷偷上网。限制使用电脑，成为亲子间冲突的主要来源。到了假期，有些父母想要带孩子出去玩，但孩子宁愿和电脑玩，也不想和大人一起出去。就算出去了，也是人在心不在，非要时不时玩一下智能手机才肯罢休。

这样的"宅世代"小孩，最主要的特征就是"手机不离身"，他们的生活就像是以"宅"为圆心，以各种3C科技产品为半径，所"围"出来的。这样的生活方式，既围住了孩子的生活范围，也围住了他们的生命视野。他们对生活的体验渐渐缩小在那个小小的荧幕里，他们对科技产品以外的事物渐渐失去好奇与兴趣，以至于"无感"。

改善无感，父母要以身作则

孩子对生活的"无感"，表现在生活的各个层面，正如后面会讲到的"亲情无感""学习无感""道德无感"及"金钱无感"。要改变孩子的这些"无感"现象，得先从调整孩子的生活方式做起；而想要让孩子对生活"有感"，得先从父母自身做起。因为父母与孩子的关系是最密切的，所以父母可以运用自身的影响力，来影响孩子的生活。让孩子有一个可以遵循和学习的榜样，让孩子能在家庭生活的潜移默化之下，逐渐改变"宅"生活，逐步提高对生活的有感度。

等到孩子对生活"有感"后，就会像有机的生命体一样，逐渐唤醒对生命的各个层面的感知，让孩子对"亲情""学习""道德"及"金钱"等有一定的感受及体验。

亲情无感，家庭最重要

家庭是社会最基本也最重要的组成单位。当孩子将父母的付出视作理所当然，对家人缺少关心和问候时，虽然彼此处在同一个屋檐下，但感觉把家当作饭店、把亲人当作房客甚至是服务人员时，这样的家庭是否能够发挥家庭应有的功能呢？孩子是否有机会体会到亲情的温暖和可贵呢？是否能体会到什么是"爱"呢？

在日本，有个叫"对爱无感症"的新名词，是指有些人迟迟不肯结婚或无法结婚，甚至对于谈恋爱也没有太大的欲望，对于异性也没有想认识及接触的动机。这种对于感情的"无感"，除了源于社会大环境的不景气外，还有更深层的原因。研究发现，有些孩子在幼年时期，由于学业上的压力，他们在学校及补习班的时间，远远超过在家的时间。从小的时候起，他们的情感需求，往往不是被压抑，就是被忽略，在这样的环境中成长起来的小孩，又怎么能体会到"情"为何物、"爱"为何物呢?

得不到或体会不到亲情温暖的孩子,就把情感上的需求,不断地埋藏在内心深处,直到自己都感觉不到它的存在,甚至误以为自己根本就不需要情感上的滋润,久而久之,不仅对"爱"没有了感觉,还失去了"爱"的能力……

面对亲情"无感"的孩子,家长真的有责任去满足他在情感上的需求,而不是用那些充斥着打打杀杀的电子游戏或者充满声光刺激的3C产品来填补孩子的情感需求。亲情,绝对是培养孩子"爱"的能力的重要基础,而家庭,则是帮助孩子酝酿感情、发挥情感的重要摇篮。

道德无感,从学校做起

孩子的学校生活,除了学习之外,更重要的是学会与人相处。学校就如同社会的缩影,孩子必须学会过群体生活。不过,现在校园问题频发,最严重的莫过于欺凌了。欺凌问题的表象,是暴力问题;欺凌问题的深层原因,则是学生与学生之间的同伴伦理、老师与学生之间的师生伦理在面临着严重的冲突与考验。

在这样的校园氛围下,我们固有的传统美德面临着前所未有的考验。学生之间打架斗殴、学生公然顶撞老师甚至打老师的事件一再发生,这些事件颠覆了我们对校园淳朴美善的印象,颠覆了我们对小孩单纯天真的看法。

这让人不禁思考,我们的品德教育究竟出了什么问题?培养孩子的道德感,不是上上课、考考试,就能让孩子体会到美德的价值,就能让孩子体会到品格的重要性的。要想让孩子拥有好品格、能发挥美德的真善美，首先得唤醒孩子对"道德"的感知，当孩子对道德"有感"时，他们自然就能体会到美德之所以美的原因。

学习无感，教室是出发点

亲子天下杂志曾对台湾地区四千多名初中生和将近一千名老师做过学习力调查，结果发现，初中生的学习动机确实受考试所制约。超过五成的孩子认为自己的学习动机不强，如果不考试的话，会主动读书的学生低于三成。除此之外，有八成二的老师认可多数学生不考试就不会主动读书的说法。

由此可见，大部分孩子的"学习"和"考试"的关系，就如同手机与手机卡的关系一样密切。有考试（手机）就会有学习（手机卡），可是当没有考试时，学习便没有了存在的价值。这种倒果为因的学习现象，值得我们去检视自己对孩子学习成绩的态度，当孩子只剩下为了考试而读书、为了满足家长的虚荣心而学习时，孩子如何能快乐地学习呢？

教室是孩子学习的主要场所，有的教室前面还贴着"快乐学习"四个大字，这和孩子快乐不起来的学习，形成了鲜明的对比。当孩子失去了学习的动机和满足好奇心的欲望时，孩子对学习怎么会有感觉呢？又如何能快乐学习呢？因此，有感的学习，是快乐学习的基础；"有感"地学习，才能点燃学习的火种，才能引爆出快乐的火花！

金钱无感，从改变观念开始

孩子在还没开始工作赚钱时，经济基本上都依靠父母，因此衣来伸手、饭来张口便成了习以为常的事。在习以为常之后，很多习惯也跟着随便起来。买文具用品时，为了有趣和好玩，类似功能的文具会买很多；买零食饮料时，只考虑是否好喝好吃、是否有好玩的赠品，却不考虑是否健康、是否经济实惠。买多了、买贵了，都无所谓，因为那都是父母的钱！

而父母的钱就等于自己的财富！孩子以为爸妈都像无敌铁金刚，是他一辈子的靠山；以为爸妈都像变形金刚，随时都可以变出钱来，只要有爸妈在，就不用为吃穿发愁。在这样的意识形态下，便产生了所谓的"啃老族""靠爸靠妈族"，发生了一些因没要到零用钱，而砍杀父母的天伦悲剧。

把父母的辛苦视为理所当然的心态，使孩子对金钱的有感度越来越低，以至于到麻痹、到最后的无感。无感的情形绝不是在一两天之内形成的，而是在日积月累、在大人的忽视和孩子的无知共同作用下逐渐形成的。总之，对于孩子的无感，家长首先要检讨自己，找出自己需要调整和完善的地方，从自身做起。家长的有感，将会像温暖的春风一样，感染和影响孩子！

三、"有感"父母的有感能力大解析

俗话说："知己知彼，百战百胜"，在亲子教养的过程中，虽未必非要分个高下输赢，但是知己知彼的确有助于亲子间的互相了解、学习及成长。在提高孩子的有感度方面，可以通过彼此的相处，来增加互相了解的动机，而这样的过程，也有利于提高彼此的"有感"程度。要想提高孩子的"有感指数"，首先要从自身做起，提升自己对孩子乃至对生活的有感度，让自己成为"有感"的父母。

提高家长自身的"有感"程度

有一天，你看到好友带了一个你很喜欢的小饰品，你觉得和你的包相当匹配，即使夜深人静，你也一直念念不忘，你会怎么处理呢？

A.私底下偷偷探听，在哪里可以买到相同的饰品。

B.直接问朋友，可以在哪里买及多少钱？

C.暗示朋友自己很喜欢，借此试探朋友能否成人之美。

D.压抑自己想要那样东西的欲望，或者心里当作没看到它。

解析：

A.私底下偷偷探听，在哪里可以买到相同的饰品。

你对待人处事的礼节，及别人对你的反应和态度非常敏感，因此在与别人相处时，你非常注重细节。建议你将你的"天线"稍微缩短一点，有时天线拉得过长，并不见得就能清楚或准确地接收到讯息，有时可能会收到更多的杂音。

对这类型家长的建议：

孩子在你的耳濡目染之下，多半能表现得彬彬有礼，并且能够懂得察言观色。但也有可能因太过注重外表及别人的看法，而对自己生活的"有感指数"不高。因此建议你，多带孩子接触大自然，让孩子在无拘无束的环境下增加他对自己的有感度。

B.直接问朋友，可以在哪里买及多少钱？

选择B的你，可能会被朋友视为少根筋的人或者思想比较简单的人。事实上，你是个跟着感觉走的人，因此较为敏感的人可能会误解你，甚至不认同你的为人风格。但是时间长了，大家就会渐渐地了解你，并接纳你的个人风格。

对这类型家长的建议：

孩子在你的教养下，多半都有自己可以发挥的空间。但是对于孩子内心深处的心声或者情感的需求，你可能没办法做到非常细腻和温柔。因此建议你，多倾听孩子的心声、体会言语之外的弦外之音，并且要听进心坎里。关于倾听，可以参考以下步骤：

步骤一：温和"发问"。保持开放、冷静和中立的态度。

步骤二：用心"聆听"。用仔细专注的态度，让孩子感受到父母对他的关心与尊重。

步骤三：简单扼要的"摘要"。使用孩子话语中的"关键字"，尤其是感受方面的词语，如开心、难过、担心、愤怒等。

步骤四：用"词语"与"选择"来"引导"。孩子年龄越小，语言越要简单。

步骤五："速配"的"非口语沟通"。模拟孩子的姿态，更容易获得孩子的认可。

"聆听五部曲"虽然有一定的步骤，但是每个步骤既可以单独使用，又可以作不同的排列组合。无论你如何搭配，都不要忘了"因材施教"的基本原则，要针对孩子的个性进行"点拨"。

C.暗示朋友自己很喜欢，借此试探朋友能否成人之美。

你是个在朋友和同事之间，比较受欢迎的人，拥有可观的人脉。遇到困难时，多半都能得到相助，让自己在职场或事业上无往不利，也能通过不同的人或事，来丰富自己的人生。对人生总是充满"明天会更好"的乐观期待。相信善有善报，因此也能与大家同分享共患难。

对这类型家长的建议：

孩子在你积极乐观的人生观的影响下，多半都能健康快乐地成长。你很重视孩子在生活各个层面的状态，算是"有感指数"相当高的家长。唯一需要加强的，就是要多进行自我检视，通过自我检视来提升自觉的能力，进而提升生命的质量。孩子也能在你的言传身教下，提高他对自己的"有感指数"，进而了解并悦纳自己。

D.压抑自己想要那样东西的欲望，或者心里当作没看到它。

你是个会控制自己"感觉"的人，但一旦控制过了头，就会形成一种压抑。压抑久了，不是习惯就是麻木，或者用伪装的方式来处理自己的感觉，这看起来风平浪静，实则却波涛汹涌。注意，过度否认或压抑自己的感觉，会对自己的身心产生副作用。

对这类型家长的建议：

人的生命之所以可贵，就在于有情，因而才会有"万物皆有情"的说法。而"有感"是"有情"的基础，这也正说明"感情"这个词的意义。因此，感情绝对是人之所以为人的重要基础。在孩子面前，你会是个理智型甚至权威型的家长。在你的影响下，孩子也会跟着学会压抑自己的情感，并且很难用心体会生活中的点点滴滴，这会对孩子的吸收能力和情感生活产生一定的负面影响。建议你先从改善自身做起，孩子在你的影响下，也一定会呈现出新的生活面貌。

以上的心理测验，希望能帮助家长了解自己的"有感"程度，借此提升自身的自觉程度。当自觉程度提高之后，"有感指数"也将水涨船高。当家长的"有感指数"提高后，孩子也将在家长的耳濡目染下，变成"有感"小孩！

孩子的心声你听到了吗？

只要是孩子，多多少少都会有涂鸦的经历。从心理学的观点看，每个孩子涂鸦的背后，都是"画中有话"的。这些话，就是一种孩子与外界沟通的语言。比如，如果孩子画中的太阳是黑色的，那可能表示他现在正处于压抑的状态；如果孩子画出没有耳朵的人物，则可能代表他想抵抗父母的教导。由此可见，小孩的涂鸦画出了他们的心声，家长们，你们听到了吗?

以下将孩子的涂鸦中最常见的图案以及所代表的情绪，以选择题的形式呈现。试试看，以此来了解自己对孩子心理语言的感受程度。

A.在某些小事上，会显得有点固执

B.想要炫耀或展现自己的才能

C.忧郁、孤独甚至自闭

D.有期待、企图心，甚至具有侵略性

E.有种迷惑或迷失的感觉

F.心情很苦恼，或者受到责难。

G.想要更多的爱和关怀。

H.犹豫不决或手足无措。

1.圆圈〇◎●答案：（　）

2.箭头↑←答案：（　）

3.迷宫、螺旋答案：（　）

4.星号、星星☆★答案：（　）

5.花、太阳答案：（　）

6.方形□■、三角形△▲答案：（　）

7.格子#答案：（　）

8.十字+答案：（　）

答案解析：

1.圆圈〇◎●答案：（C）这时家长要多给孩子提供心灵或身体上

的抚慰。

2.箭头↑←答案：（D）这时家长要提醒孩子以平常心看待自己的愿望或目标。

3.迷宫、螺旋答案：（E）这时家长要引导孩子看清问题的症结。

4.星号、星星☆★答案：（B）这时家长要多提供孩子展现自我的机会。

5.花、太阳答案：（G）这时家长要多提供彼此情感互动及交流的机会。

6.方形□■、三角形△▲答案：（A）这时家长要引导孩子从不同的角度来看待事物。

7.格子#答案：（H）这时家长要向孩子表明不管遇到什么样的困难，父母都一定会尽全力帮忙。

8.十字＋答案：（F）这时家长要多给孩子提供感情上的安抚。

结果解析：

答对1—2题者：

这个结果显示，家长在提升孩子的"有感度"之前，先要提升自己的有感度，这样才能在孩子面前以身作则。另外，还必须通过涉猎各种教育常识、多和孩子相处，来提升自己对孩子的敏感度。总之，要全方位提升自身的有感度及对孩子的敏感度！

答对3—5题者：

这个结果显示，家长自身的有感度趋于成熟，可通过多看、多听及多想的方式，来深化自己的有感度。除此之外，当自身的有感度不再那么敏锐时，也建议你多去尝试从未试过的新鲜事物，借此来突破瓶颈。

至于对孩子的敏感度，主要的方面一定要注意到，至于细节的部分，则可以根据自己的能力及时间酌情处理。

答对6-8题者：

这个结果显示，家长对于自身的有感度和对孩子的敏感度，可以说是接近亲子专家的水平了！可喜可贺！不过，有句话说："尽信书不如无书"，千万不可拘泥于书上所说的而一味盲从，多来点实际案例，会让你有新的发现和新的体验。

以上的父母有感指数大解析，并不代表"一试定终身"，家长可以通过与孩子的相处，来增进彼此间的互相了解和亲子间的情感交流。在这潜移默化的过程中，提升亲子间的有感度。

四、全方位了解孩子到底有多"宅"

家长了解了自身的有感度后，接下来再看看孩子的有感度，这样父母才能针对孩子的有感程度，找到合理的解决办法。接下来，就请家长针对孩子的日常生活情况，全方位了解他们到底有多"宅"？他们的有感度到底有多高？

宅生活，占领孩子的生活

《亲子天下》曾做过"台湾地区学童玩乐状况"的大调查。结果显示，超过七成的学生觉得他们休闲玩乐的时间足够，但他们玩的内容非常贫乏，且大多是在室内做静态的玩。上网、看电视等，都是属于比较被动地接受信息，缺乏人际互动。专家认为，这样的玩，对孩子各方面的发展都不利，甚至有害。

亲子天下杂志专门针对小学五年级与初中二年级学生的玩乐状况进

行过一项调查，结果发现，"宅小孩"世代已隐然成形：孩子最常在家玩、最喜欢上网，有将近六成的学生看电视或上网的时间多于运动的时间。与小学五年级的学生相比，初中二年级的学生表现得更"宅"。受访的七成老师认为，学生间的人际关系问题严重，且交友越困难的孩子越不喜欢上学。

台湾的孩子喜欢窝在家里玩，是因为缺乏好玩的环境吗？当许多国家和地区都投入大笔预算打造儿童、青少年的休闲空间与友善的校园时，台湾的校园，并没有为孩子提供一个友善的玩乐空间。调查显示，超过一半的老师认为学校给学生的休闲活动空间不足，超过六成的老师认为学校提供的游戏设施不足，有超过一半的初中生觉得学校游戏空间不足。总体来看，不论是校园还是社会，都没有给孩子提供足够的游乐空间。

就"孩子是否有足够的时间进行体能活动？"这个问题，有四成八的老师认为体育课课时不够，而学生认为体育课课时不够的比例更高，超过五成的学生觉得学校体育活动时间不足，其中初中生觉得体育课课时不够的比例更高。从整体来看，中小学生的体育课课时稍显不足，对于需要发泄过盛精力、纾解压力的初中生，更需要用心安排体育课程，让他们得以健康地度过青春期。

《亲子天下》的调查结果还显示，台湾地区的孩子学习动机普遍很低，超过九成的老师认为学生们既没有强的学习动机也缺乏主动学习的机会，因为时间几乎都被各种安排塞满了。超过六成的学生有补习班，其中有将近三分之一的学生周一到周五平均每天待在补习班的时间超过了三小时，等于从早上八点到晚上八点都是在被动地接受由别人安排的学习活动。

学生的学习动机很低，那又如何才能提高孩子的学习动机呢？答案是"玩"。学生认为课程是否好玩有好多指标，其中排在前三位的分别是：内容有趣（71.3％）、有挑战性（46.4％）、可以到户外去（45％），而学生最喜欢的老师授课方式，排在前三位的分别是：做游戏（63.1％）、进行户外教学（53％）和分组讨论（39.7％）。

（摘自亲子天下《"宅小孩"世代来临》作者：许芳菊）

资料显示，在小学五年级与初中二年级的孩子中，有将近六成的孩子，已经是名副其实的"宅小孩"，而这种"宅世代"的生活方式，不但会影响他们的休闲生活、还会影响他们的学习生活、影响他们的身心健康。

根据台湾地区教育研究部门的最新统计结果显示，学生视力不良率再创新高，小学生近视人数超过一半，初中生近视比例高达七成五，高中生近视比例更是达到八成六五。

台湾地区眼科医学会副秘书长、三总视力保健科主任戴明正表示，近年风行的智能手机、平板电脑、游戏机，因大多数都呈现快速闪动的画面，色彩又过于鲜艳，长时间近距离注视，会给眼睛造成很大负担，对儿童视力的伤害非常大。这样既宅又不健康的小孩，难道是父母所乐见的吗？

"宅"，像有高度传染力的病毒一样，不断侵占孩子的生活空间，剥夺了孩子与大自然接触的机会，还影响了孩子的健康！国家未来的主人公，在年纪轻轻的时候，就戴上了一副厚厚的眼镜，大门不出二门不迈，既缺乏运动又缺少学习新事物的兴趣。他们的明天真的会更好吗？

父母一定要知道的孩子宅病毒

面对这样严峻的形势，当家长的，真的有责任，让孩子不再这样宅下去！下面，我们就来通过这套题来检视孩子的生活状况，看看自己的孩子到底有多宅？有多无感？请家长在符合孩子实际情况的项目上打钩。

一、在生活方面

1.（　）除了日常的生活作息及学校和课外补习之外，大部分的时间都待在家里。

2.（　）待在家里时，除睡觉、吃饭、读书及写作业之外其余活动都与电脑（相关类似产品）有关。

3.（　）与同学或朋友讨论的话题，基本上都离不开与电脑或上网有关的人和事。

4.（　）与同学、朋友的互动，大多在网络上进行。

5.（　）在网络上，曾认识过陌生的网友，甚至还与网友见过面。

6.（　）亲子之间曾经讨论过孩子使用电脑的问题，甚至还引发过冲突。

解析如下：

1. **有五到六个选项：**可以说孩子有"生活无感"的现象。面对这样的小孩，家长首先要从自我检视做起，看看自己是否也有"生活无感"的征兆？如果有的话，首先要改变自己的生活，然后再去改变孩子的生活环境。

2. **有三到四个选项：**这可说是接近"生活无感"的边缘。建议家长找个时间，和孩子好好地聊一聊，听听他对目前生活的看法及感受。一定要用心倾听，从与孩子谈话的过程中，了解他所传达的心声。借此来引导他体会自己生活中的点点滴滴，以提高他对生活的有感度。

3. 只有两个或两个以下的选项：你的孩子在家长的用心经营下，能够对生活有感，甚至有所启发和收获。建议家长创造更多可以让孩子抒发生活感悟的机会，如写作、画画及其他艺术，让孩子能借此发挥出自身的创造力。

二、在学习方面

1.（　）孩子在写作业、准备考试以及学习其他才艺的时候，大部分都是出于"被动"。

2.（　）孩子对于自己的学习，大部分都持给家长"交代"的心态。

3.（　）在准备考试时，孩子很少会自己拟定复习计划和想要达成的目标。

4.（　）对于自己成绩较差的科目，也不太会去想该如何加强。

5.（　）对于将来想上什么样的学校或选择什么样的专业，从没认真思考过，只想应付当前的考试。

6.（　）对于学习新事物，没有强烈的好奇心与求知欲。

解析如下：

1. 有五到六个选项：可以说孩子有"学习无感"的现象。面对这样的小孩，家长首先要自我检视，自己对孩子学习所持的态度。例如：以成绩挂帅，想满足自己的虚荣心等。如果有的话，首先要改变自己的态度，然后再去改变孩子对学习的态度。

2. **有三到四个选项**：这可说是接近"学习无感"的边缘。建议家长找个时间，和孩子好好地聊一聊，听听他对目前学习的看法及感受，与学校的老师取得联系，了解孩子在学校的情况，并请老师提出改善的方法。通过老师与家长的交流及合作，有效提升孩子对学习的有感度。

3. **只有两个或两个以下的选项**：你的孩子在家长的用心经营下，能够对学习有感，甚至有所启发和收获。建议家长让孩子接触他未曾学习过的事物。这样做既可以保持他在学习方面的有感度，又能发挥孩子在学习方面的潜力。

三、在道德方面

1.（　）对于老师或家长的教导或责备，往往是左耳进右耳出。

2.（　）对于那些良好的品格及行为举止，既不会特别欣赏，也不会产生"有为者亦若是"的自我期待。

3.（　）对于拥有良好的品格，没有太大的重视和期待。

4.（　）对于某些牵扯到道德的议题或事件，没有明确或正确的看法。

5.（　）在校园中看到有恃强凌弱的行为、有违道德的行为或欺凌事件，持"眼不见为净"的心态。

6.（　）对于自己有违道德的行为，也持无所谓的态度。

解析如下：

1. **有五到六个选项**：可以说孩子有"道德无感"的现象。面对这样的小孩，家长首先要自我检视，看看自己在孩子的品德教育上，有没有错误或者忽视的地方？自己的言行举止，是否有不良或错误的示范。孩子只有在良好氛围的熏陶下，才能体会到良好品格的重要性。

2. **有三到四个选项**：这可说是接近"道德无感"的边缘。建议家长找个时间，和孩子好好地聊一聊，听听他对于是非对错的判断，了解他的判别标准，了解他平时所看的课外书籍，了解孩子所认识或结交的朋友，以了解孩子的道德观。要帮孩子选择、提供有利于树立正确道德观念的书籍，创造有利于提升道德有感度的环境。

3. **只有两个或两个以下的选项**：你的孩子在家长的用心经营下，能够对道德有所感，甚至有所启发和收获。这样健全的环境与正确的价值观，是你给孩子的"传家宝"。你可以向其他家长分享自己对品德教育的心得，为其他家长提供更多、更有效的方法。

四、在金钱方面

1.（　）认为父母或长辈给孩子钱，是天经地义的事。

2.（　）常常和父母或长辈要钱，如果不够花的话，还会对父母抱怨。有时甚至会偷父母的钱。

3.（　）认为父母的钱就等于他的钱。

4.（　）常常花钱买一些不实用的东西。如饮料、零食及饰品等。

5.（　）没有存零用钱或记账的习惯。

6.（　）花钱往往是为了向他人炫耀或满足个人享受。

解析如下：

1. **有五到六个选项**：可以说孩子有"金钱无感"的现象。面对这样的小孩，家长首先要自我检视，对孩子零用钱的管理是否太松，是否过于放任？是否因自己在孩子面前炫耀家中的财富，才使得孩子对金钱的价值观有所偏差。

2.有三到四个选项：这可说是接近"金钱无感"的边缘。建议家长找个时间，和孩子好好地聊一聊，借此了解他对目前零用钱的使用有什么样的看法，了解孩子零用钱的使用情况，看看有哪些情况是不适宜的。帮助孩子培养良好的用钱习惯及树立正确的金钱观，是有效提升孩子对金钱有感度的根本方法。

3.只有两个或两个以下的选项：你的孩子在家长的用心经营下，能够对金钱有所感，甚至有所启发和收获。建议家长给孩子更大的自主空间，以发挥他本人对金钱的敏感度。还可以引导他认识更多的理财工具，让孩子对金钱有更多元、更深入的了解。

五、在亲情方面

1.（ ）孩子每天和同学或朋友谈话的时间，比和家人还要长。

2.（ ）孩子很少和家人聊天或问候家人的情况。

3.（ ）孩子一有空就往外跑，很少待在家里。

4.（ ）孩子很少帮忙分担家务，或关心家中事务。

5.（ ）孩子的心事或所发生的事情，家人通常都不知道，或者是最后才知道。

6.（ ）孩子不太喜欢参加家中聚会。

解析如下：

1.有五到六个选项：可以说孩子有"亲情无感"的现象。面对这样的小孩，家长首先要自我检视，自己对亲人的态度，是否和孩子有类似的地方？如果有的话，首先要从自身做起；如果没有的话，要多观察孩子与其他亲人的互动情况，从中找出解决问题的方法。

2. 有三到四个选项：这可说是接近"亲情无感"的边缘。建议家长找个时间，和孩子好好地聊一聊，借此了解他对亲人的看法及感受。一定要用心倾听，从与孩子的谈话中，了解他所要传达的心声。还可以请孩子和亲人们一起讨论，如何改善孩子与亲人间的关系。

3. 只有两个或两个以下的选项：你的孩子在家长的用心经营下，能够对亲情有所感，甚至有所启发和收获。这样的亲情基础，可以成为孩子在其他情感方面的成功借鉴。以此为基础，再逐渐扩散到生活的各个层面，相信孩子的生活，在情感的滋润下，会变得更加的丰富与充实。

通过以上各个层面的解析，相信家长可以更加了解孩子的心境及生活情况。亲子之间多互动、多沟通，绝对是培养孩子有感的重要基础，也是帮孩子脱离"宅世代"的生活方式、撕掉"宅小孩"标签的基本方法。

★惜物小故事

小时候，妈妈在大家用餐后，总会说这样一句话——"你怎么又没有把碗里的饭吃完呢？这样很可惜耶！"刚开始对这句话没有什么感觉，但我渐渐发现，其实这句话的重点，就是一种"珍惜"的心态。珍惜身边所拥有的一切。"珍惜"虽然只是简单的两个字，但却是我们对待万事万物应有的态度，是让这个世界更加美好的重要心态。

★惜物小语

昼行要惜阴，日用要惜物；遇言要惜口，逢事要惜情。

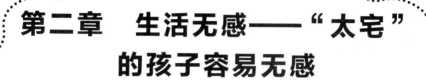

第二章　生活无感——"太宅"的孩子容易无感

《亲子天下》"台湾学童玩乐状况"调查结果显示，台湾孩子玩的内容太单调，且大多是在室内做静态的玩，缺少人际互动。专家认为，这样容易造成孩子"宅"、容易让孩子对其他事情无感，这对孩子的健康发展非常不利。

一、"宅"已经成为一种全球的生活风潮！

不知各位家长是否有这样的体会，现在的孩子写作文或日记时，老是不知如何下笔？非要等家长或老师说一句才能写一句，仿佛像在"听写"似的。虽然最终也把文章写完了，但写出来的往往都是大人的体验、大人的想法及感受，而非孩子真实的思想或情感。

这一点，在我带孩子们写作文时深有感触，虽然有户外游玩的体验，但孩子仍然很难描写出美丽的风景及其中的感受。孩子的作文更像个专业的导游，像记流水账似的，把景点一一介绍。我常对孩子们说，读者需要的不是你们详细的说明，因为网络上的资料，绝对比你们写得更清楚、更仔细。读者想看到的，是你在这次户外游玩的过程中，除了眼睛所看到的东西外，你们的"心"感受到了什么，体会到了什么？

在描写人物，包括写离他们最近的爸爸、妈妈时，他们对父母的兴趣、特长及人生观等方面的信息往往一无所知。让人觉得现代的孩子，好像和父母很疏离、很陌生，虽然居住在同一个屋檐下。他们不仅不了解父母，连他们自己也不够了解，在描写有关"自我介绍"的内容时，孩子们同样表现得无话可说！

宅小孩的最爱，电脑电玩智能手机

一般的学生，在写到自己的外表时，基本上都能写得很仔细。可是，当说到兴趣或特长时，他们最常写的不是上网就是电玩。好像除了上网或电玩，似乎没有任何东西能引起他们的兴趣！为了鼓励孩子能有好的表现，我常会用一些物品来当作奖励，奖励的方式如下：

在这里提供一个实用的方法：三宝四戏法。"三宝"是强化物，"四戏"是方式。具体的使用步骤如下：

一、了解"强化物"对孩子的影响力：在选择"法宝"时，不要以客观的"价格"为标准，而应尽量以主观的"价值"为标准。比如，高级的电玩或3C产品不见得一定是孩子的"最爱"，也许让孩子睡饱才是他最期望的。

二、依据孩子完成任务的性质，去选择强化物的类别：针对任务的困难程度（当然，这程度是要以孩子的角度来看的），激发孩子追求目标的动力、克服困难及自我挑战的斗志。

三、观察孩子对"增强方式"的反应：在选择"戏法"时，仔细观察孩子的反应。宜用"因材施教"的原则，选择最合适的戏法。

四、依照"延宕"＋"部分"→"立即"＋"连续"戏法的次序：在运用"戏法"时，最好能循序渐进地进行，避免效果随使用次数的增加而递减。切记！"压轴"演出，才是最令人期待的。

根据我的调查，3C产品通常都是最受孩子欢迎的礼物！有的学生说，小学毕业时，应该送每个学生一部智能手机；初中毕业时，应该送每个学生一台平板电脑。虽然听起来很夸张，但却如实地表达出，这群身处"宅世代"的"宅小孩"对这些3C产品的喜爱。

宅小孩的屁股，好像被椅子黏住了！

这些划时代的3C产品，真的让孩子的生活丰富起来、开心起来了吗？一次，我和一位阿姨聊天，这位阿姨说，她的孙子放暑假时回到乡下，这原本让她很开心，她为孙子准备了很多好吃的食品，还想好了可以带他去玩的地方。可是，他好像完全被电脑荧幕吸住了！他的屁股，好像被椅子黏住了！整个人就像雕塑一样一动不动。

这下阿姨可清闲了，不必费心张罗好吃的食物，因为孩子每顿只是随便吃几口，就马上又回到电脑前；不必费心安排好玩的地方，因为再好玩的地方，都比不上电脑里的世界。电脑，就像个保姆一样，无论平时多么调皮的小孩，只要遇到电脑就像孙悟空遇到唐僧，变得安安静静！

这位阿姨又继续说，看到现在的孩子，一有空就往电脑里钻，看起来好像过得很充实、很开心，但就是不晓得为什么，她总觉得孩子的生活好像不太正常，感觉好空洞，不像她的童年，一放假就往户外跑。

那时她们没有很好的经济条件，但只要出去玩，就是最好也最自然的休闲活动。更重要的是，她们过得很开心。可现在的孩子，虽然经济条件都不错，但他们过得并不快乐。他们用这些高科技产品，不知是用来逃避现实，还是用来麻痹自己。

听完阿姨这番真切的感受，我这个当老师的心有戚戚焉。

宅世代，宅风吹进下一代

在"宅世代"的风潮下，宅，已经成为台湾人一种新的生活风潮，而这股风潮正在吹向我们的下一代！讲到"宅"，就会让人联想到宅男宅女们。台湾宅男的代表人物，首推《魔戒》三部曲的译者朱学恒，他可以说是最典型的"宅男"。朱学恒浑身上下的每个细胞都宅，他可以待在五平方米大的卧室好几天不出门，且不觉得无趣。因为他的房间里有着成堆的漫画、模型，还有最红的玩偶Keroro军曹陪伴着他。

即使不出门，他的朋友依然很多，当然大部分都来自于网络。只要博客一更新，就会有数千名网友浏览。他吸收信息的方式，让他深深觉得，没必要和实体世界的人建立关系。

这就很像现在的孩子，何必去外面玩呢？只要一上网进入聊天室，就有机会认识很多人。这群孩子，在班上认识或交流的同学并不多，却认识了不少网友。以前，同学间互相联络的方式，是交换住址或电话。现在，则是交换电子信箱、实时通或脸书的账号，没有这些账号，感觉就像少了一张进入同学社交圈的入场券。

以前，同学们私底下见面，顶多是去逛逛街。现在，随着网络的发达，只要一上网来个视频，就可以见面了！以前，我们会比毕业纪念册上，同学们的签名谁最多？现在，则会比较实时通或脸书上的朋友人数谁更多，这就是现代宅小孩的交友方式。就如同宅男朱学恒所说的："干吗要出门呢？没有理由和实体世界的人建立关系。"

我看到学生们的脸书，分享内容最多的就是，玩游戏时得到礼物或进阶的动态消息。其次就是自己的心情分享，比如考试没考好、跟哪个朋友出去玩时遇到什么有趣的事等。有的会把自己的新发型贴在博客上供大家参考。

另外，他们也很在乎得到"赞"数的多少，就像有学生会期待我去光临他们的脸书并点赞。如果没回复他们的交友邀请或者没点赞的话，他们就会觉得没有得到大人的肯定与支持。这样的大人就可能进入他们的黑名单，甚至被排除在他们的世界之外，这就是**宅小孩的价值观和社交方式——不出门、爱分享、重人数。**

Mobile01执行长蒋叡胜，读书时就很"宅"的他，认为这个时代讲究"眼见为凭"，博客或脸书上照片的分享，使宅人们更被网络牢牢地黏着。"好像只要看到图片，就如亲临现场，而且还不用花费金钱和时间"。

网络这么便利，还可以如此的"眼见为凭""身历其境"，谁还需要大包小包？谁还需要事前规划行程？谁又愿意风吹日晒雨淋，只为了接触大自然？一上网，什么都可以看到，什么都可以接触到，而孩子在这样充满诱惑的环境中，就像个还没有打预防针的幼儿，他们处在有各种病毒的环境里，真让大人们捏一把汗……

二、宅世代的副作用，挑战师长们的智慧

孩子过分沉溺在网络或电玩世界里，副作用就像涟漪，扩散到生活的各个层面，这样的"涟漪效应"，对现代教育形成了巨大挑战。根据《亲子天下》"台湾学童玩乐状况大调查"的结果，现在的孩子最常在家玩，而在家的活动当中，排在前三位的依次是上网（56.8%）、运动（54.8%）、看电视或DVD（54%）。总体来说，有将近六成的学生看电视或上网的时间多于运动的时间。"宅小孩"世代已经隐然成形！

孩子遇到电玩，就像被魔鬼附身，什么都听不进去。一个初三的孩子天天玩在线游戏，三更半夜还不睡觉，并对家人暴力相向，如果家人把网线拔掉，他就去网吧上网。这是当下不少青少年的缩影，亲子之间战争不断，上网问题成为亲子关系不和的导火线。

为了应对孩子沉迷网络或电玩的情况，好多家长想尽了办法。有的学生对我说："妈妈为了不让我玩电脑，除了设定开机密码外，还把

网络线拔掉、把鼠标藏起来。""爸爸妈妈有限定我玩电脑和上网的时间，但是时间真的很少，我都得在半夜偷偷爬起来上网，所以白天上课时就很想睡觉。""不让我上网也没关系，我就趁晚上补习时，说要先回家，然后溜到网吧上网不就结了！"

听听家长和学生的心声，电玩和上网已经成为孩子和家长互相较劲的主战场。孩子总是能"道高一尺，魔高一丈"。令家长防不胜防。有句话说："科技始终来自人性。"科技的发明，原本是为了让人生活得更加美好，但令人遗憾的是，科技却成为亲情之间最具考验性的主战场。

当心小孩"双面人"型的性格变化

与小学的孩子相比，初中的孩子更"宅"！超过七成的初中生花在看电视和上网的时间远远多于花在运动上的时间。同时，老师们也发现，与其他同学的人际关系越紧张、交友越困难的孩子，越不喜欢上学。更让人担心的是，缺乏人际互动的玩，使他们根本不知道如何在群体中生活、如何表情达意、如何与人相处。这在将来的工作中，又将产生多少适应上的问题。

我在教学实践中，有时会遇到"双面人"型的学生。学生的双面，不是他们在老师或家长面前表现不同，而是在真实世界与网络虚拟世界的不同！在班上，有一位平时沉默寡言的学生，安静到让人快要忘记她的存在。她在班上根本没有特别要好的朋友，因此想在班上了解她的交友情况和人际关系几乎没有可能。

一次，这个学生连着好几天没来上课，父母也找不到她。老师和家长找遍了学校和她们家附近的网吧，也没找到她的踪影。后来，警察从家里的电脑，找出她在网络上的账号和昵称，再通过这些账号和昵称搜寻她访问过的网站，最后在网友们的帮助下，才发现她已经和一位男子网恋，并且计划私奔。最后在警方的协助下，才把她找了回来。

这件事让我真真切切地见识到这个学生的"双面性格"。现实中的她，是个普通安静且低调的孩子，可在网络上她却异常活跃，只要是她访问过的网站，几乎都会有她的留言，她还会主动加别人为好友。这样的人际交往模式，除了会严重影响她的人际关系及在真实世界中的社交能力外，还使她不想上学，因为她已经习惯了在网络世界中生活，无法面对或适应真实世界所要遇到的种种困难，所以才会以逃学、离家出走的方式来逃避现实生活。

更可怕的是，她一旦结交上坏人，完全可能落入非常危险的境地，美好的前程将彻底断送在网络世界中。由此可见，过度沉迷或依赖网络的宅小孩们，生活范围越来越小、离真实世界越来越远，生活的方方面面都会受到不同程度的影响。

在"宅"风日盛的现代生活中，家长一定要与孩子保持良好的沟通，维持亲密的关系，只有这样，才能确保孩子不会成为可怕的"双面人"！

现在的孩子为什么很"娇弱"！

调查显示，有将近六成的学生，每周上体育课的时间不超过两小时，有四成八的老师认为学生的体育课课时太少，有超过五成的小学生，觉得学校的体育活动时间严重不足，而初中生认为体育课时间不足的比率更高。

学校的体育课不足，孩子在家又基本处于"静止状态"。这种宅世代的生活方式，让运动时间本已不足的宅小孩变得更"宅"。当家长的，一定要想办法让孩子关掉电脑、走出户外，去接触大自然。

在我教初中时，学校都会举行一年一度的运动会，其中一项是拔河比赛。为了更好地准备比赛，我就请任课的体育老师来帮忙，选择一些身强力壮的学生代表班级去参加比赛。当体育老师挑选出参加拔河比赛的学生时，我发现选出来的这些所谓强者还是非常"瘦弱"，我真的担心就这样的队伍怎么能去参加拔河比赛呢？

不过"幸运"的是，我们班的情况如此，其他班的情况也没好到哪里去。眼看比赛临近，我让学生们加紧训练。第一天训练下来，学生们叫苦连天，我心想这是刚开始，学生们还不太适应。没想到第二天就开始陆续有伤兵，有的扭伤手、有的手发炎、有的就干脆请假、有的甚至请家长出面说不参加了。现在的孩子怎么这么"娇弱"！

还没成为"进士"，孩子已经近视了！

宅小孩，除了运动太少外，视力也是个大问题。最新统计显示，小学生视力不良率超过一半，初中生视力不良率高达七成五，高中生视力不良率更是达到八成六五。

更惊人的是，平均三个小学一年级的学生中就有一个视力不良的。台湾地区眼科医学会副秘书长、三总视力保健科主任戴明正表示，近年来流行的智能手机、平板电脑、手持式电玩，它们的屏幕大多数为快速闪动的画面、色彩又过于鲜艳，长时间近距离注视，会对眼睛造成很大负担，对儿童视力的伤害非常大。

然而遗憾的是，相关研发人员在设计这些高科技产品时，并没有考虑到视力保健的重要性；商人们赚钱之余，也没去考虑该如何尽社会责任，保护使用者的视力。作为家长，一定要提醒孩子，在享受声光娱乐的同时，别忘了保护自己的视力。毕竟，健康才是一辈子的财富，高科技产品的功能再强，都无法取代健康的重要性地位。

宅世代之毒，网络成瘾

除了生理方面的运动不足和视力减退，宅世代的生活方式，更造成心理方面的隐忧，那就是宅小孩的"网络成瘾"的现象。草屯疗养院儿童精神科医师蔡坤辉指出，网络成瘾不分年龄，但青少年往往因缺乏自制力而身陷网瘾，无法自拔；眼下青少年在现实生活中必须面对学业、人际关系、家庭等多重压力，而一旦进入网络游戏世界，却仿佛变成了能呼风唤雨的领袖。对于蔡医师的说法，我心有戚戚焉。

有些孩子在不使用网络时，整个人看起来有种莫名的焦躁不安，甚至还有言语及肢体的暴力行为。但只要一开始上网、玩电玩或网络游戏，整个人就会安静下来！也正因为有如此明显的差异，很多家长把电脑当保姆，为了能让自己清闲或休息一下，就让孩子去玩电脑。

孩子不吵不闹，自己也落个清闲，真是一举两得。但是，如果让这样的情况继续下去，就会形成一种恶性循环。孩子吵→玩电脑→孩子更吵→玩更长时间的电脑……这样的方式，简直就是饮鸩止渴。等到孩子网络成瘾，家长才惊觉事态严重。目前，这种网络成瘾的小孩举不胜举，网络成瘾是一种"表象"，也是一种"结果"。真正的成因，需要通过专业的咨询辅导才能探究出来。

为什么"学习"和"考试"会被画上等号？

在宅世代的生活方式下，孩子想要接触到课外的东西简直是易如反掌。孩子就像"海绵"一样，吸收能力之强往往超乎大人的想象。比如，如果跟初中生们谈起最近发生的社会或娱乐新闻，他们几乎都可以说上一两句。

有时，他们接收到的讯息并不一定是大人所知道的，这让大人对于他们的吸收能力感到很意外、很担心。意外的是，他们怎么在网络上，接触到这么多五花八门的信息，这样会不会让孩子分心，以至于无法专注于学业呢？让人担心的是，他们在网络上，会不会接触到不利于他们身心发展的信息。作为家长，除了担心他们被网络黏住之外，还要关注甚至控制他们上了哪些网站，只有这样才能让孩子在网络世界中安全地来去自如。

《亲子天下》的调查结果还显示，超过九成的老师认为，学生的学习动机普遍不强，而且还缺乏主动学习的机会，因为超过六成的学生，时间几乎都被托管班或补习班塞满了！其中有将近三分之一的学生周一到周五平均每天待在托管班或补习班的时间要超过三小时，这等于从早上八点到晚上八点都是在"被动"地接受别人安排的学习活动。

另外，雪上加霜的是，台湾地区的基测即将取消。以前，初中生的年级越高，越容易把"基测"和"学习"画上等号。刚进入初中的七年级生只有二成学生会"为基测读书"，但到了九年级，比例会升高至将近五成。一旦不考基测，会不会让学习动机原本就不强的孩子，学习动机变得更低呢？

我一提醒孩子们读书时要认真一点，就有学生说："都不考基测了！干吗还要读书啊！""现在大学那么好考，考个位数也可以上大学"之类的话。我对孩子们的学习态度感到很忧心，但孩子们为什么会有这样的想法，"学习"和"考试"为什么会被画上等号？有时大人的态度，真的是给孩子做了"不良示范"！这一点值得我们做师长的去深思！

宅世代的生活方式，让孩子的生活产生了巨大的变化，它的副作用也产生了会影响生活各个层面的涟漪效应：上网与电玩，成为亲子之间的新战场；亲子间的伦常和亲情，遭受到前所未有的考验；交友范围越来越窄，甚至完全脱离了真实生活的社交圈，却一头钻进网络世界的社交圈；对真实世界中的人和事，越来越"无感"。

这样的宅生活，逐渐侵蚀了孩子的健康。当孩子都习惯窝在"宅"中，从事静态的活动，甚至流连在网络上的花花世界时，大自然的花花草草自然也就变得乏味起来。当大自然吸引不了孩子时，他们锻炼身体、接触大自然的时间也就会变得越来越少。缺乏对大自然的观察与感受，自然就会"无感"。

更令人心痛的是，孩子的视力也面临着前所未有的考验。在孩子还没成为现代的"进士"之前，就已经近视了！这样的体能和健康，再加上被动式的学习环境，孩子自然会对学习变得越来越没兴趣、越来越无感！

宅世代，既像引发孩子生活无感的导火线，一发不可收拾；又像个破坏力非常巨大的病毒，全面侵蚀占领孩子的生活。身为师长的我们，当然不能任由宅病毒侵蚀孩子的生活，否则在多少年后，当他们回忆起童年时，大概就只能想起电脑了。

三、三管齐下，让孩子不再无感

想让孩子对生活从"无感"变为"有感"，没有特效药，只能像去医院看病一样，先找出病因，再对症下药，而且还要按时服药、定期复查、定期追踪，这样无感才能得到根治。

在医院，我们常会看到写有"华佗再世"的匾额，这是用来称赞医生医术的高超。可见华佗是神医的代表，医师的典范。曾经有人当着华佗的面，称赞他的医术。华佗笑着说："我家有三兄弟，我排行最小，我的医术也是殿后的。我的医术，是当病人已经发作时，我才有办法找到病因。我的二哥只要在病人病情稍微发作时，就可以进行治疗了。我的大哥更厉害，病人病情还未发作，就已经能开始治疗了！"

想要治疗孩子生活无感的症状，可参考华佗三兄弟的做法。照华佗的说法，大哥的做法，重在"保健"；二哥的做法，重在"预防"；华佗的做法，则重在"治疗"。因此要想全面围堵生活无感的病毒，可以依照"保健""预防"及"治疗"三个方面"三"管齐下！

查找原因

我们所看到的孩子行为，只是一种"表象"，并不等于"原因"。真正的原因，必须经过层层的抽丝剥茧，才能找出来。也只有找到问题的根源，才能从根本上解决问题。找原因时可借用在企业管理中找问题的方法，即"问五个WHY"。

比如，我在读高中时，数学成绩很不好。高一升高二时，数学是经过补考才通过的。有的读者可能认为，是因为我高一的数学没学好，所以才需要去补考。事实上，高一数学需要补考只是个"结果"，而高一数学没学好，也是之前积累出来的结果。必须一层又一层地挖掘下去，才能找出真正的原因！

高一数学没学好，那是因为初中到高中这段衔接课程没学好。而衔接课程没学好的原因，是因为初中这三年以来，数学也没学好。而初中数学没学好，则是因为初中和小学衔接课程没学好。而这段衔接课程没学好，又是因为在小学的时候，就已经积累了很多问题，却一直没能得到彻底的解决。

总而言之，我的数学成绩，到升高二时，已经到了病入膏肓的程度。初中时，我的数学就已经全面呈现停摆甚至被放弃的状态，但一直没能得到彻底的根治。而小学时，就已经开始退步，我却没有加紧努力、迎头赶上。从高中推测到小学，才会发现真正的原因，其实问题发生在小学的学习阶段。这就像一种病，小学时便开始发作、初中时恶化，到了高中时，就已经到了疾病晚期。

面对这种情况，采用华氏三兄弟的做法，就能得到根本性的解决。小学时，要采用华大哥的"保健"法，用正确的学习态度，达到理想的学习效果。初中时，就要采取华二哥的"预防"法，用正确且高效的学习方法，来预防数学成绩的进一步恶化。高中时，就得运用华三哥的"治疗"法，先治疗高一不足的部分，然后再慢慢地从根本治疗起。这就是用"问五个WHY"来搭配"三管齐下"的方法。为方便读者使用，特列表总结如下：

找出根本原因——问五个WHY

——以数学成绩不好为例

问题层次	因次分析	对策	三管齐下（以华氏三兄弟的做法为参考）
高中数学要补考	问题	全力准备通过补考	
为何会补考	一次因	补强这学年的教学范围	治疗——先治疗高一不足的部分，然后再慢慢地解决根本。
为什么要补强	二次因	加强高中与初中数学的衔接课程	预防——用正确且高效的学习技巧和方法，来预防数学成绩下滑。
为什么要加强衔接初中数学的课程	三次因	初中的数学有必要再重新复习	
为什么还要复习初中数学	四次因	加强初中与小学数学的衔接课程	保健——用正确的学习态度，来保证学习效果
为什么要加强衔接小学数学的课程	五次因	小学数学要全面地复习	

找出对策

掌握了"问五个WHY"和"三管齐下"的方法后，接下来看看如何用这个模式解决孩子对生活无感的问题。俗话说："事出必有因，有因必有果。"我们先用"问五个WHY"找出问题的根本原因，然后再搭配"三管齐下"的配套措施来提升孩子的有感指数。

有个词叫"一叶知秋"，意思是说，由局部的、细小的征兆，就能推断出事物的演变和发展趋势。孩子对生活无感，绝不是一朝一夕形成的，而是逐渐演变而成的。因此，当家长的，一定要对孩子保持敏感度，及时发现孩子行为上的不良征兆，通过对孩子的深入了解，来推测行为或事物的演变，这种观察及推测的功夫，要在平常与孩子的相处中，逐渐感知和学习。

孩子的生活无感是在日常生活中，一点一滴逐渐积累而成的。我们仍以第一章中"全方位解析孩子有感度"的测试题作例子。

如果你所勾选的项目是第6题：亲子之间，曾经讨论过孩子使用电脑的情况，甚至还引发过冲突。那么我们就以这一情形来"问五个WHY"。具体如下：

问题层次	因次分析	对策（这里的对策，是我自行假设的，读者练习时，可以自由发挥）
亲子之间，曾经讨论过孩子使用电脑的情况，甚至还引发过冲突。	问题	下次讨论沟通时，务必控制好自己的情绪。
为什么会和孩子发生冲突？	一次因（治疗）	孩子爱玩，而我又不想让他在电脑上花太多的时间。因此必须与孩子就电脑的使用时间达成共识。
为什么孩子爱玩电脑？	二次因（预防）	电脑里的世界，比外面的真实世界有趣多了。所以我必须加强孩子的学习动机。

问题层次	因次分析	对策（这里的对策，是我自行假设的，读者练习时，可以自由发挥）
为什么孩子不爱学习？	三次因（预防）	孩子的成绩不理想，对读书也没有兴趣。因此，我需要用奖励的办法，来激发孩子的学习兴趣。
为什么孩子的成绩始终没进步？	四次因（保健）	当孩子没考好时，我会责备他，使他自信受挫，因而排斥学习。因此，在孩子没考好时，我要改变对孩子的态度。
为什么当孩子没考好时，就会被我责备？	五次因（保健）	我总是主观地觉得孩子不够努力、不够勤劳。以后，我要及时发现孩子在学习中遇到了什么困难？

保健——提高孩子的自信与尊严

孩子对生活的无感，不是在一两天内形成的，从"问五个WHY"来看，当出现"五次因""四次因"时，当家长的就需要认真面对。这就如同对待我们的身体，平时就要有"保健"的观念，注意哪些食物对身体不好，哪些习惯对健康不利等。

当孩子成绩不理想时，好多当家长的，第一反应往往是"没认真学习""没努力准备考试"等。但是在孩子成绩不理想的背后，也许有他自己不为人知的心酸和无助，也许他已经很努力，但是成绩始终无法提高，也许他还没找到学习和考试的诀窍，也许他上课时就已经听不懂了，也许他早就放弃了……这些想法和感受，也许家长并不知道！

当孩子的成绩不理想时，当家长的要像收音机的天线一样，要拉长一些，这样才能收到更准确、更清晰的信息。这时可运用"保健"的观念，来提升孩子的自信，因为人人都有价值和尊严。美国著名儿童心理学家詹姆斯·杜布森（Dr.James Dobson）博士说："人生有些事比学业更重要，其中之一就是拥有自尊。孩子如果不懂得名词和动词的区别，日子仍旧可以过下去，但如果缺乏自信和自重，他的人生就等于没有机会。"由此可知，不管孩子遇到什么样的情况，当家长的都应像个坚定的守门员，保护孩子的自信。只有这样，孩子才能在成长的过程中勇敢地走下去。

预防——事前防范胜于事后治疗

在从"三次因"到"二次因"的过程中，家长需要有"预防"的观念，防止问题的恶化。孩子的学习成绩长期不理想，会使孩子的自信和自尊受损。这时当家长的要尽其所能地去预防，并让孩子通过其他事情找回自信和尊严。

孩子之所以会沉迷于网络或电子游戏，是因为在这种打打杀杀的电子游戏中，孩子可以通过不断打败对手来获得升级、获得成就感，这往往是孩子在真实世界中所渴望的。当孩子的渴望没办法从他身边的人那里获得时，就会逐渐形成亲子关系的疏离，以致产生矛盾和冲突。

孩子学习成绩不佳，再加上家长和老师的责备或另眼相看，往往会迫使孩子寻找另一个出口，来满足自己的心理需求。这时家长能做的，一方面是鼓励及陪伴孩子勇敢面对学业上的挑战，并给予适当的奖励。另一方面是创造能让孩子获得成就感或满足感的舞台，比如：让孩子参加他感兴趣的才艺或运动项目，就是一个可行的方向。

治疗——主动求援寻求专业咨询

到了"一次因"的时候，当家长的，则必须用"治疗"的心态来看待孩子的问题。当行为发展到"一次因"时，问题通常已经变得相当复杂，解决的难度也变得相当大。再加上亲子、师生之间，由于彼此想法不同而产生的矛盾与冲突，已积累了不少心理及情绪上的问题，这时双方都必须冷静地面对。

有一句广告语是这么说的："要刮别人的胡子之前，先把自己的胡子刮干净。"同样的道理，当家长怒不可遏，想要教训孩子时，也要先来检视自己，在孩子错误的行为中，自己是否扮演了"加害者"的角色？

我教过一名初中三年级的女生，她看起来是那种非常乖巧懂事的女孩子。有次在课后闲聊时，她提到"作弊"的事，她不好意思地跟我说，其实她在小学二年级时，就已经开始作弊了！我听后非常讶异，小学二年级的考试压力有那么大吗？

她说少了那一个句点，她就会被扣两分。少了那两分，就不是一百分了。我听完之后跟她说："那九十八分也很高啊！"她回答我说："不行，得不了一百分，就会被妈妈骂！"听完她的话，我感到非常痛心。有时在孩子坏行为的背后，往往是家长太多的期待，孩子的心声家长听见了吗？

家长与孩子相比，更知道事情该如何解决？如何掌控自己的情绪？当孩子所遇到的问题，不是他自己所能解决的或令家长都束手无策时，当家长的就要主动设定停损点，并向外求援，以免形势的进一步恶化。向外求援，并不是软弱无能，而是一种愿意积极处理，并敢于担当的表现。

当家长因为孩子的问题，积累了大量的负面情绪时，可以向身边的亲朋好友求助，以寻求解决办法。与家长相比，孩子更需要有控制情绪及纾解压力的方法，当家长自己无力解决这样的问题时，可向专业的咨询辅导机构或专业的心理医生求助。

当通过"问五个WHY"，找出问题的根本原因后，我们深深体会到，孩子的不良行为，往往与父母的态度有着千丝万缕的关系。这样的结论，值得家长深思。

四、提升生活有感度

通过"保健""预防"及"治疗"三管齐下，就能找到解决问题的方法。此外，通过与孩子的坦诚沟通，可以邀请孩子加入提升生活有感指数的活动。因为任何形式的教育活动，没有孩子的参与，都只能是纸上谈兵。接下来，就请家长邀孩子一起加入到提升生活有感指数的行动吧。

第一步：问五个WHY + 三管齐下

记住！"问对的问题，事半功倍"！与其胡思乱想猜原因，倒不如循序渐进找根源。这部分要通过亲子共同协作来完成。

通过"问五个WHY"的步骤，我们找出真正的原因及最根本的问题之后。接下来，就可由"三管齐下"来提出解决问题的方向。"双管齐下"是比喻两件事同时进行，或同时采用两种办法。那么"三管齐下"，就是指用三种方法或在三个层面同时进行。通过"三管齐下"，大家会明白该以什么样的"态度"来解决问题。

问题的部分，可参考第一章"全方位解析孩子有感度"的例子。就亲子共同讨论后所提出的问题，找出真正的原因。此部分应由家长引导，再由孩子完成。

问题层次	因次分析	对策（即想到哪些解决的办法）
问题：（叙述问题内容）	问题	解决的方法：
为什么	一次因（治疗）	因为（原因）所以（打算如何治疗？）
为什么	二次因（预防）	因为（原因）所以（打算如何预防？）
为什么	三次因（预防）	因为（原因）所以（打算如何预防？）
为什么	四次因（保健）	因为（原因）所以（打算如何保健？）
为什么	五次因（保健）	因为（原因）所以（打算如何保健？）

第二步：区分轻重缓急：

针对"三管齐下"所分析出来的问题，我们可分别采用"保健""预防"及"治疗"这三种方法来处理。

各种问题都可能用主要（重）、次要（轻）、缓慢（缓）、紧急（急）等区别。

通常具有"保健"的特征，可以先用"缓慢（缓）"的速度来处理；"预防"的特征，可以用"次要（轻）"的态度来面对；而"治疗"的部分，则要用"主要（重）"且"紧急（急）"的方式来解决。

以上是就问题的主要特征来区别，读者可以根据自己个人的想法及感受，来区分轻重缓急，当然也可以请教专家或身边的亲友。

◎具有"缓慢（缓）"特征的问题是：

说明：请参考第一步中"保健"部分的问题。

◎具有"次要（轻）"特征的问题是：

说明：请参考第一步中"预防"部分的问题。

◎具有"主要（重）"且"紧急（急）"特征的问题是：

说明：请参考第一步中"治疗"部分的问题。

通过前面两步，相信家长就能逐渐找出孩子"生活无感"的原因，并找到解决问题的正确方法。

五、生活有感的补充配方

下面再提供一些能提高生活有感度的工具供大家参考。虽然不一定适合每一个人，但每种方法都可以试试看，以便从中找出最适合自己的方法。

正面思考

心理学研究显示，正面思考对积累财富和愉悦身心有很大的帮助。因此，我们不妨通过正面思考，让自己的生活更美好！

鉴于此，世界上出现了第一所指导学生如何进行"正面思考"的高中——英国的威灵顿公学。学校每周将由剑桥大学教授亲授"幸福课程"，引导学生学会正面思考，让学生成为开心和有安全感的人。

从医学的角度看，一个人之所以会有乐观或悲观的态度，这一方面是取决于遗传因素，另一方面则取决于这个人的思维方式。乐观者的思考，比较偏向问题解决导向，因此趋向正面思考；而悲观者则较容易负面思考，并可能形成恶性循环，甚至引发忧郁症等精神上的疾病。

越来越多的研究结果表明，不管是孩子、灾难过后的幸存者，还是东山再起的企业，都可以通过正面思考获得复原力。其中，最重要的就在于改变自己的"负面脚本"，运用临床心理学常用的ABCDE原则，将负面的乌云转化为正面的骄阳。

负面思考的人，常常从不开心的事情中感受到"无助"或"无措"，觉得自己没办法改变环境，因而形成负面信念。而他们的信念就是，不管发生什么事情，都会产生不好的结果。时间长了，他们就习惯用负面的信念看待事情，而无法用正确的心态去进行决策。

在这种情况下，要在思考的过程中加入以下两个步骤：

第一是反驳，即对自己的负面想法及感受进行驳斥。比如，一看到孩子成绩不理想，就认为孩子学习不认真、不努力的家长，就要驳斥自己的想法，转而换成"孩子已认真准备考试，只是准备的时间还不够充足或准备的方法不大好"之类的想法。

第二是激励，即增强自己用正面思考来解决问题的力量。比如，家长可以思考自己能为孩子做些什么。与他一起检查考卷，找出丢分的原因，是粗心？忘记？还是根本就不会。通过长期的练习，就能在遇到负面情况时，将负面思考转化为正面思考，那么人生也就可能上演大逆转！

当家长和孩子都能够进行正面思考时，生活就会充满太阳般的灿烂心情。有了好心情，就能使自己的身心洋溢出正面的感受。有了正面的感受，即使遇到不好的情况也会积极面对，并能将那些负面的感受转化成正面的感受。

　　想知道自己及小孩是否是乐观、是否能正面思考吗？我曾经在《商业周刊》第974期的《正面思考的威力》这篇文章中，用"乐观量表"来测试一个人乐观及正面思考的程度。读者可通过此表来了解自己和小孩，了解面对挑战及挫折的思考及处理方式。详情请参见网址：http//www.businessweekly.com.tw/。

画生活派

　　生活派？可别误会喔！它不是用来"吃"的，而是用来"画"的。首先，画个圆圈，就如同派一样。接着，把派分成六份。第一份写上"家庭"，其他部分则分别写上运动、健康、玩乐、学业（工作）、朋友（同学）。然后在每份派上画个点，用来标示你或孩子在这个方面所做到的程度，越靠外围表示越充实或满足，越靠近中心则表示越不充足或不满意。然后把所有的点连起来，便可看出自己或孩子的生活哪里失衡了。如下图所示：

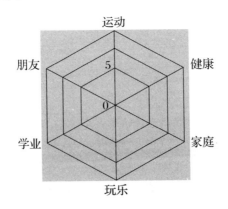

　　在刚开始着手提升生活有感指数时，生活派看起来像个蜘蛛网，但

随着对生活态度的不断调整，图就会慢慢变成美丽且均匀的曼陀罗。这项工具可以让我们注意到，自己与孩子生活中贫乏的部分及几乎没有时间照顾的部分。

使用这项工具时，家长一定要以身作则，可以让孩子自行画生活派，也可以和孩子各画各的，以提高孩子的参与度。对于孩子的部分，可以有两种做法：第一种，先让孩子自行画好，然后由家长加以说明，说明之后再请孩子表达自己的看法。第二种，就孩子的情况，家长和孩子各自画出专属于孩子的生活派。画完之后，再彼此交换意见及看法。

不管采用哪种方式，画生活派最主要的目的，就是清楚且具体地了解自己或孩子所缺乏的部分。然后就缺乏的部分，用前面所介绍的"问五个WHY"和"三管齐下"的方法，找出问题的原因并拟定解决的方法。进行一段时间后，再重新画生活派，看看与之前有什么不同的地方，然后再加以调整。当生活派的标点越来越靠近外围、越来越均衡时，就会形成一幅美丽的生活风景。

不管是大人还是小孩，都必须非常了解自己的生活情况，这样才能找到自己对生活的感觉与滋味。只要多关注自己生活派中贫乏的部分，就能让生活变得更美好。

生活剪贴簿

利用生活剪贴簿可以了解自己过去、现在、未来及梦想的生活。制做生活剪贴簿的步骤如下：首先，收集至少十本可以随便拆或撕的杂志；其次，从这些杂志中，收集能反映你生活或兴趣的图片，或者是你自己喜欢的图片；再次，撕或剪一叠（至少二十张）图片；最后，用自己喜欢的方式排列这些图片。

生活剪贴簿做好之后，还可以自己画插画，或者在图片旁边写下自己的说明或看法等。总之，这是专属于自己的生活剪贴簿，爱怎么样就怎么样，无须在乎别人的看法。

当然，这个活动也可以亲子一起进行，不过，最好是各做各的。当孩子在剪剪贴贴，需要帮忙时，大人也可以帮忙，但千万不要干涉孩子的做法，也不要说他们所选的图片不好看、不适合之类的话，唯有如此，孩子才能做出一本真正属于自己的生活剪贴簿。

如果家长想看孩子的生活剪贴簿，一定要征得孩子的同意。这样的以身作则，也是让孩子学会尊重别人的机会教育。孩子愿意给家长看，请家长把这样的举动视为"友善的分享"，除了给予适当的肯定与赞美之外，也可以请孩子加以说明，以便更多地了解孩子的看法及感受，千万不要像上课似的，指出错误并要求孩子加以订正。否则，很可能让孩子不愿再参与类似的活动。

生活笔记本

我们经常会用记事本来记录事情，但想通过这样的记事本来了解生活的各个层面，是非常琐碎和复杂的。人们对生活的感觉，往往就在数字和零碎的事情中，渐渐失去！

这里所说的生活笔记本，是将生活加以分类，并且用梦想为生活提味的笔记本。首先，给自己（也让孩子自行挑选）买本特别有创意的笔记本；其次，标出一到七的页数。在每一页订出主题，可参考的主题有：健康、休闲、家庭、亲人或朋友的关系、学业（事业）、兴趣、精神生活等，这部分可自行选择主题；最后，在每个项目下列出十个梦想，不要觉得自己是在做白日梦，只有勇敢地写出梦想，宇宙才听得见喔！

这样的生活笔记本，很适合作为自己给自己的生日礼物，也很适合作为父母送给孩子的生日礼物，不过愿望的部分，还是要请孩子自己去填写。至于孩子愿不愿告诉别人他的愿望，也要由孩子自己决定。只有尊重孩子的隐私权，孩子才能在这样的活动中、在父母的示范下，学会尊重自己和尊重别人。

而自己或孩子的梦想，不管它是否可行，只要有它们的存在，就会提高我们对生活的敏感度，了解自己目前生活与未来梦想的距离，还可以根据生活的实际来调整自己的梦想。因此，梦想就像生活中的引线，既为我们点燃了生活的动力，也为生活提炼出了不同的风味。

以上这四种方法，都值得参考，大家可以一试。多一点尝试、多一点冒险，生活才会更加丰富多彩。有了丰富多彩的生活环境，生活的滋味也就跟着多彩多姿起来。切记，这四种方法都需要父母的以身作则。只有这样，才能在孩子的生活中扮演起"主厨"的角色，为孩子的生活加点油、添点醋。孩子才能在父母的引导下，体验生活所带来的种种感受，并品尝生活中的滋味，而这样有感的生活，才是孩子幸福的沃土，他们也才能在这种营养丰富的生活当中，开出生命之花、结出生命之果！

★惜物小故事

德国人有一个特别的家庭文化，家里使用的重要器物都是代代相传、一脉相承的，能修的、能补的绝不丢弃，这正是惜物爱物的好原则。

孩子的生活观都是在家庭环境的熏陶下形成的，在这样的家庭文化中，孩子玩的玩具、穿的衣服都不一定是全新的。这些他们没玩过的玩具、没穿过的衣服，对他们来讲，都是新的，都能为他们的生活增添新滋味。重要的是，孩子并不在乎他们所使用的东西，是不是有人用过。

很多成年人很在乎衣服有没有其他人的体味？玩具有没有瑕疵？甚至还会觉得对方送二手的东西，既不尊重也没诚意。其实将自己用不到的东西，送给想要或需要的人，就是一种惜物爱物的表现，总比将这些还有用的东西当作垃圾丢掉来得更实惠、更有人情味。

★惜物小语

"惜福、惜缘、惜物、惜字"

说明：珍惜福分，不随意挥霍；珍惜缘分，不随意糟蹋；珍惜东西，不随意浪费；珍惜文字，不将写有文字的纸张随意丢弃，以示对文字的尊重。这四"惜"，可从生活中的各个层面做起，让生活更可贵、让生活更有感！

第三章 学习无感——无感的学习难以快乐

　　不管孩子是属于"大器晚成型""学习缓慢型"还是"实力未能发挥型"，当家长的都不能低估孩子在学习过程中所遇到的困难。他们对学校潜在的危机非常恐惧，老师可能会责备甚至揶揄他、同学可能会嘲笑甚至欺凌他、异性同学可能会远离他。这些困难，在大人眼中是小事，却可能造成孩子在学习上的障碍，这会导致他对学习没有兴趣，甚至是对学习无感。

一、别让不当的期待扼杀了孩子的学习兴趣

当老师的最怕遇到学习无感的学生了！孩子们上课时那种空洞的眼神，实在让人难受！而我也终于体会到，上学时老师为什么会对我们有过类似的抱怨。

上初中时，我对数学、物理及化学等理科的课程就没有丝毫兴趣，遇到困难也从不主动求助，任凭问题一点一滴地积累，到最后就成了完全放弃的状态，所以上数理化有关的课程时，我不是发呆就是一脸的茫然。

有一次在上理化课时，老师上到一半，突然对全班学生说："听老师上课是不是很无聊啊？怎么有人上课时的表情，好像老师是在讲'无字天书'，老是在发呆。"其实，我知道老师说的应该是我！所以我勉强提振精神，很认真地"看"老师上课，但不是"听"课。

十多年后，当我再次遇到当年的那位理化老师时，她依然对我"印

象深刻"。印象深刻的原因，在于她对我那常常发呆的表情，感到既不舒服又没办法。那时候，我的这位理化老师才刚刚走上教师岗位，看着常常发呆的学生，还是菜鸟老师的她真不知道该如何把课继续上下去。

这位现在已经有十多年教学经验的老师，又继续若有所感地对我说，当时我上课时的那种漠然且发呆的表情，尽管让她觉得很不舒服，但至少我还在乖乖听课，比现在那些不爱学习、不爱上课，甚至还逃学的学生好多了！

听完老师的话，我顿时感到五味杂陈。一则是因为自己在教学过程中，也曾遇过像我以前那种"学习无感"的学生，我终于可以体会到，当初理化老师上课时，为何会忍不住说些抱怨的话。

再则是由于现在的环境和学习风气与我当学生时相比，可以说有着天壤之别。与现在的学生相比，我当时至少还像个"地球人"；而现在的学生，则好像是从外星球来的。以前的学生，即使成绩不好，至少还会乖乖上课或听老师的话；而现在的学生，有很多自己的想法和意见，不管成绩好不好，都不大会乖乖地听老师的话。想和他们沟通，老师得像调收音机时，天线拉得长一点，然后再调整到对的频道，才能清楚地接收到他们所传送的讯息。

学习的心态，古今大不同

以前的孩子读书，态度很"认命"，在"一试定终身"的升学制度下，想要有灿烂的前（钱）途、光宗耀祖，一定得靠"读书"才成，所以孩子会很认命地读下去，因此那时候学生对"读书""考试"是非常有感的！而现在的孩子读书，态度就比较"目标导向"了。而这种"目标"又分成"被动"和"主动"两种。"被动",往往是由于孩子只是为了应付考试,为了给老师和家长一个"交代"。"主动",则往往是因为孩子想考上自己理想的学校、读自己感兴趣的专业。

为奖品学习，易无感

被动学习型的学生，他们学习的动机都是为了"别人"，而"别人"属于孩子的外在世界，因此孩子的学习动机很容易受外界的影响，一有风吹草动，就会有所变化。有很多家长会用金钱或物质，来鼓励孩子读书。物质奖励的确是一个办法，既可以满足孩子的欲望，又可以达到大人的目的。可是，当孩子开始会用自己的成绩来换取奖品，而且家长又回应这样的行为时，"变调"的奖励就开始恶性循环了……结果，孩子本该从学习中体验到的求知欲、责任心、成就感都逐渐萎缩，直至"无感"……

教育心理专家认为奖励是以奖赏激励人，借此来启发孩子的内在动机，让孩子去争取更好的成绩。而"行贿"只是以"奖品"买通孩子去实现大人的愿望，只能暂时启发孩子的外在动机。因此，奖励孩子时，不一定要给他们物质或金钱上的奖励，"精神奖励"才是更重要、更持久的方式。所以适当的赞美和诚恳的肯定，绝对比金钱和物质更能打动孩子的心！只有打动孩子的心，才能让孩子对学习产生感觉，才能慢慢地引导他们，将"被动式"的学习转化成"主动式"的学习！

过度的期待，不只无感更无奈

有一种被动式学习是充满无奈的，这种情况通常发生在家长有"望子成龙，望女成凤"心态的家庭里。第一次模拟考完之后，老师、家长和孩子刚稍松了一口气，第二次模拟马上又来了！心急如焚的大人，又催促孩子赶快准备第二次模拟。

老师家长都挂念孩子的学习情况，一见到孩子，就忍不住询问他们的考试情况。但不管孩子考得好不好，只要一有错，就会被老师或家长责备一番。

一个学生跟我说："第二次模拟我会考，但是我不想再上学了！"听了他的话，觉得既无奈又疼惜。无奈的是，孩子活在大人"望子成龙"的心态中无法解脱；疼惜的是，他们已经被考试压得快要窒息了，似乎已经到了爆发的临界点。这让人不禁思考，我们的升学制度到底是在创造考试机器，还是在带领孩子领略学问的奥妙，让他们主动且积极地"更上一层楼"呢？

考试之后，家长和老师会让孩子进行反思和总结，但作为家长、作为老师是不是也应该作些自我检视呢？在对待孩子的学习上，自己的态度是否合适且正确呢？我们的期待，会不会成为孩子生命中不可承受之重呢？我们的期待，会不会伤了孩子在学习上的胃口呢？老师和家长过度的期待，是让孩子对学习"无感"甚至"反胃"的重要原因！当师长的，要学会平衡孩子的成绩与自己的期待。"爱"是支撑这台天平最稳健的底座。适当的期待是天平上的砝码，该放多少、该放哪边则要靠师长们的智慧和良好的沟通来决定。

二、常常威胁孩子，容易形成孩子低逆商

被动式的学习，让孩子的学习充满威胁和恐惧！一次上课前，一位才念小学五年级的小女孩，提前很早就来到教室。这已经不是她第一次这么早来上课了。后来在与她的闲谈中我才知道，她来这么早是因为不想听妈妈的不停唠叨。她说有个卖巧克力的广告，广告中的小男孩，左耳听到母亲的唠叨，就可以从右耳出来五彩缤纷的巧克力糖果。而她听到母亲的唠叨后，感受到的却只有黯淡无光的苦果。

接着这个女孩仿佛找到了难得的倾诉对象，对我说起了她在家的生活。当她考试或参加比赛得到好成绩时，她就能有一个安静且快乐的家庭生活。当她表现不如预期时可就惨了。最惨的一次是她跪在家门口，重复地说："对不起！我没有考好！"邻居看到后，和她妈妈说："有这么严重吗？""这样不太好吧！"但是她妈妈则是一副理所当然的样子，认为孩子没考好，就是对不起她的辛苦付出。女孩后来哭着对我

说，这在她心中留下很深的伤痕，直到现在都无法忘怀……

许多人认为，孩子没有办法面对挫折，是因为过于溺爱。其实心理学家认为，除了溺爱之外，常常威胁孩子，也会形成孩子的低逆商。由于老师或父母的威胁，会让孩子形成这样的逻辑：如果自己的成绩不好，自己的自尊、家人的关心、自己被爱的需求就会全部受到影响。久而久之，哪怕发生一件小事，都可能让他拉响警报，这种现象就是所谓的"低逆商"——将小挫折放大处理。

处在"低逆商"的孩子，学习状态会非常不稳定。大人对他威胁一下，就会心生恐惧地认真学习，一旦威胁没有了，学习也就停止了。

更严重的是，被威胁久了，孩子也就渐渐麻木了。大人的威胁恐吓或威逼利诱，已经无法对孩子产生任何影响。这时，孩子就犹如脱缰野马，爱怎么样就怎么样。上面例子中那个小女孩的姐姐，在父母长期的威胁恐吓下，已经从麻木到无感，再到自暴自弃。她已经不考虑成绩如何，不管父母怎么骂，她只做她想做的事。父母想了解她，还得通过她的朋友打听。由此可见，负面的威胁恐惧，只会让孩子离我们越来越远。孩子就在我们的面前，我们却不知道他的心声，那是何等可悲啊！

这样的孩子，就算家长已经气到吹胡子瞪眼，甚至扬言把他赶出去，他依然会我行我素。表面上是一种"消极"的放弃学习、放弃自己，但从深层次看，却是一种对大人"积极"的抗议与叛逆。这时当家长的，一定要平心静气地与孩子沟通，倾听孩子的心声，以修补彼此濒临崩盘的关系。这样孩子学习无感的状态，才能止跌回升，才能在学习及亲子关系等方面逐渐回温乃至有感！

主动学习，多元有助于增强感动强度

相比那些被动学习的孩子，那些在学习上积极主动的孩子，当家长的是不是就不需要费心了呢？其实也未必，只不过和被动学习的孩子相比，需要费心的地方不一样罢了。

在我教过的学生中，能主动学习的学生确实很少。但当老师的不能因为这个群体人数少，而忽略他们的心声，更不能无视他们的存在。在我的作文班中，有一个学生很喜欢看中国的经典小说。一下课，就会追着我问相关的问题："为什么西游记当中，妖魔鬼怪都想吃唐三藏的肉呢？""为什么孙悟空不直接带师父飞到西天取经，干吗要那么辛苦呢？"

遇到这类问题超多的学生，当老师或家长的，首先要有渊博的知识来回答他们永远问不完的问题，并且还要回答得让他们心服口服。因为只有这样，他们才会继续向你学习，继续维持他们主动求知的热度和有感度。他们就像《西游记》中一身本领的孙悟空，面对取经路上的种种妖魔鬼怪，总是会很努力地去想办法解决。解决不了时，就会跑去搬救兵，他最常找的对象，就是观世音菩萨。

《西游记》中的观世音菩萨，具有包容的性格、具有解决问题的能力和方法。所以才能让聪颖机灵的孙悟空乖乖听话，在艰辛坎坷的取经路上勇敢前行。像菩萨这种为人处事的态度，以及解决各种疑难杂症的热忱，都是值得老师和家长学习的。

除此之外，面对这种主动学习型的学生，还要主动给他们提供更多的信息和更多元的刺激，给他们的学习热度保温。也只有在不断的刺激下，才会有更多的感动机会。他们就像取经路上的孙悟空，也会遇到各种挑战，有的用他的金箍棒就可以搞定了，有的就需要请人帮忙，有的甚至还得请如来佛祖。每一次降妖除怪的经历，对他来说，都是一次难得的学习机会。

正是一路上所遭遇的种种困难，才让孙悟空有所感受，进而有所学习并成长。而这些正是观世音菩萨为孙悟空精心设计的学习课程，目的就是让原本孩子气十足且任性的孙悟空，能变得更加成熟、更加圆融。同样的道理，孩子的学习过程，就像孙悟空的取经之路。当家长的，面对主动求学的孩子，得像观世音菩萨一样，针对学生的需求与特质因材施教，这样孩子才能因有感而学习、因学习而有感，最后形成一种良性循环。

三、学习障碍，别错过黄金治疗时机

前面的事例，主要是讨论在学习上没有障碍的学生。但在教学实践中，总会有一些有学习障碍的学生。有的是本身不知如何解决自身的困难；有的是未能被及时发现，未能接受适当的协助；有的是即使被发现，但仍未采取有效的解决办法。学习障碍大致可分为三种类型，分别是"大器晚成型""学习缓慢型"及"实力未能发挥型"。

这三种类型的学习障碍，刚开始的时候，很容易被认为是"学习无感"，因而可能延迟了他们被发现、被辅导的时机。一旦错过治疗的黄金时机，就可能让他们一辈子对学习无感，甚至产生排斥的情况，因此当家长的，有必要了解这三类学习障碍的表现、成因及正确的因应之道。

大器晚成型

周小发已经五岁多了，很快就要上幼儿园了。可是他的父母觉得，他在许多方面仍然还像个小小孩。说话时常出现"糖糖""喂喂"等词语，肢体动作也不够协调，每天还要哭个两三回，这样的情况让父母很担心。上了幼儿园之后，周小发学习跟不上其他同学、注意力不集中，对学习变得越来越没兴趣，上课时还常常望着窗外发呆。

美国著名儿童心理学家詹姆斯·杜布森博士（Dr. James Dobson）认为："发育很慢、动作极不协调的儿童，在神经功能上可能还没准备好应付读和写。阅读是一种复杂的神经调节过程，视觉刺激必须准确地传送到大脑，才能够明白并且存留在记忆中，并不是每一个六岁的孩童都已准备好做这件事情。"他也认为要解决大器晚成型的孩子的问题并不难："不要根据他的年龄来决定什么时候该进学校，而是应由神经学、心理学、社会学及儿科这几方面的专业人士，共同评估最佳的入学时机"。

另外，倡导在家教育的瑞蒙·摩尔博士（Dr.Raymond Moore）认为，在家教育也是一个可行的方式。总之，不要让大器晚成型的孩子，在身心发育还没成熟到可以面对学习压力时，就让他被迫接受学习上的考验。否则，可能会造成孩子在学习上甚至是心理上的障碍。

学习缓慢型

学习缓慢型和大器晚成型的小孩，都害怕失败。糟糕的学习成绩，会使他们的自尊心受损、价值观扭曲。

我曾教过一个初一的学生，他一直对我说，他不想再上学了！我问他为什么？他痛苦地说："从小学一年级开始，我就很痛苦！有时老师会叫我起来读课文，因为有些注音或汉字我不熟悉，所以读起来会结结巴巴的，结果就被同学们嘲笑！从此之后，我就很讨厌学校！"听完之后，我终于理解他的语文成绩为什么总是不理想？上语文课时，为什么总是发呆？他对语文这一科的心结，原来早在他上小学一年级的时候，就已经种下了！

詹姆斯·杜布森博士（Dr. James Dobson）认为：学习缓慢型的孩子，智商多集中在七十到八十之间，这些在大人眼中不够聪明的学生，通常都很愿意去努力，可是他根本到不达普通学生的水平。他们在班上不但得不到他们所期待的肯定，还会受到其他同学的嘲笑。慢慢地，他们开始做恶作剧、开始欺负同学、开始逃学，最后发展成为不良少年。

针对学习缓慢型的学生，詹姆斯·杜布森博士提出了如下的解决方案。

个别指导

如果环境、资源及条件允许的话，可让一位老师专门负责一位学习缓慢的学生，因为学习缓慢的学生，需要个别指导，再配上相关的教学辅助资源，就能达到因材施教的效果。这种个别指导的方式，实施越早效果越好。这样可以避免这些学生因经历太多的失败，而造成自信心低落，进而造成心理上的障碍。

像前面提到的那位语文成绩差的学生，我常常会在下课后，多留他半小时，好针对他在课堂上听不懂的地方，做个别辅导。这样他就不会在每次放学后，带着因听不懂而产生的失落情绪回家，取而代之的是老师的关心和成功的体验。

因人制宜

对于学习缓慢型的学生，在教导他们时，也要针对他们的个人情况，给他们适当的学习目标。就如前面例子中的那个学生，我就不能以初一的标准来看待他的学习，而要从小学六年级往下逐一测试，看看他的语文到底是卡在哪里？这样我才能对症下药，然后再逐步推进，把孩子的语文成绩慢慢地提上来，这样既能缩小他和其他同学学业上的差距，又能拉近他与其他同学之间的人际关系。

适当鼓励

有句话说："要记得成功会带来成功。"因此最能激发孩子学习的方式，就是让他清楚且具体地知道——自己真的很棒！当孩子周围的人都能对他持正面肯定的态度时，他也会在这样的氛围下，逐渐肯定自己。这种正面且积极的心态，又会进一步促进他的学习。

比如说语文，注音和字形这部分，学生只要愿意去背去记的话，通常都能得分。所以我建议他，以后考试时，只要能拿到注音和字形的基本分，就是成功的一半。通过这样一点一滴的积累，他就能逐渐缩小差距甚至赶上其他同学。当老师或家长的，千万别忘了在孩子有所进步时给予他们鼓励，即便孩子前进的只是一小步。只有这样，他们才会更有信心地继续努力下去。

实力未能发挥型

实力未能发挥型，往往不被大人所理解。最常见的情况是，上小学时很多学生常得一百分，可是一到初中，得一百分的学生就寥寥无几。大约有百分之七十五的学生，在初一和高一的时候，都会有成绩退步的情况。对于这种情况，大部分的家长都未能采取有效的解决办法。家长最常见的解决方式，就是让孩子上补习班，补一些所谓的"先修"课程，以为只要让孩子先站在起跑点上，就能解决落后的问题。但上补习班如果真的那么有效的话，这种情况为什么仍一而再再而三地发生呢？

詹姆斯·杜布森博士（Dr. James Dobson）为这类学生提供了两种可行的解决办法：

父母的积极督导

帮助这类学生，除了家长要花更多的精力去关心孩子的学习外，还需要学校老师的沟通与配合。如：孩子是否已把该写的作业都写完？考试的成绩是否有进步？在沟通时，父母和老师一定要亲自沟通，这是家长和老师有效沟通的基础。

比如，联络簿就是一个很好的"媒介"。家长通过联络簿可以知道，孩子今天该写哪些功课？最近考试的成绩如何等。家长有任何问题，也可以在联络簿上直接反映出来。老师可就孩子在学校的情况，做摘要式的记录。另外，孩子在家长与老师交流的过程中，也能体会到师长们对他的关心和用心，无形之中拉近了彼此的距离。

可行的奖赏

讲到奖赏，很多人觉得这像是在"贿赂"。但詹姆斯．杜布森博士却觉得，奖赏的作用就好比汽车的发动装置，车子不可能只有这个装置，但这确实比通过推车子来发动引擎要方便许多。

首先，要与孩子一起讨论先从哪些项目进行，如"数学"或"英文"等。其次，再来讨论奖赏的具体内容或方式，例如数学成绩进步几分，可得到什么样的奖赏。最后，把讨论好的内容做成一张图表，这样就可以很清楚地知道双方的讨论结果，如下图所示：

项目											奖赏
数学	1	2	3	4	5	6	7	8	9	10	看电影
英文	1	2	3	4	5	6	7	8	9	10	去郊外野餐
语文	1	2	3	4	5	6	7	8	9	10	逛百货公司

以数学科为例，可以以进步的次数来看，如数学分数有进步，且累计有十次的话，便可以带孩子去看电影；也可以用所进步的分数来看，例如这次月考比上次月考高两分，就在数学计次栏的"1""2"处做记号，接着这次单元测试又比上次的单元测试高三分的话，就在"3""4""5"处做记号，依此类推。

不管孩子是属于"大器晚成型""学习缓慢型"还是"实力未能发挥型"，当家长的都不能低估孩子在学习过程中所遇到的困难。他对学校潜在的危机非常恐惧，老师可能会责备甚至揶揄他、同学可能会嘲笑甚至欺凌他、异性同学可能会远离他。这些困难，在大人眼中是小事，但却可能会造成孩子在学习和社交上的障碍。

四、用差异和变化了解学习无感的原因

要解决孩子学习成绩不佳、对学习无感的问题，往往需要首先处理一些看起来和学业无关的问题。通过"差异"和"变化"，来找出孩子学习无感的原因。

"差异"是指差别和不同。在处理问题时，我们通常会将自己和别人比较，将自己的孩子和别人的孩子比较。比如，在学业上，家长常会拿自己孩子的成绩和别人孩子的成绩来作比较。这种方式是比较"主观"的。

"变化"是指改变事物的性质或形态，通常是自己与自己在不同时间点的比较。比如，孩子在小学时，成绩非常优异，经常能考一百分。上了初中后，成绩一落千丈，有时甚至会出现不及格的情况。这种方式是比较客观的。

不管是"差异"还是"变化"，都是解决问题的要素。方法就在于

"用'差异'缩小范围，用'变化'找出原因。"当发现孩子在学业或学习态度上，有某些不好的地方，但又找不到真正的原因时，首先要用"差异"来缩小范围，将他和其他同年龄或同年级的孩子作比较，成绩是稍有落后，还是差得很多。然后再用"变化"找出原因，看看孩子以前和现在的表现，有哪些不同的地方。

我高一的数学成绩非常差，差到要通过补考才能升到高二，这是我在整个学生生涯中所遇到的最严重的问题。父母也认识到了问题的严重性，他们开始思考"为什么成绩会差到要补考呢？""数学成绩从什么时候开始不好的呢？"等问题。为此，父母做了以下几件事：

首先，父母去学校请教数学老师，数学老师把全班的成绩和我的个人成绩作了详细的比较。父母在这样的比较中，清楚地认识到我与其他同学的巨大"差异"。

其次，妈妈回家后拿出一张纸，要我把从小学、初中到高中一年级的数学成绩，写个大概的平均成绩出来。我小学时的数学成绩大概接近九十分，初中数学平均成绩就只有约七十分了！这时，妈妈才发现，小学和初中，初中和高中的明显"变化"。而我也在妈妈的引导下，深切感受到我和其他同学成绩上的"差异"，也更惊讶自己从小学到高中，数学成绩的"变化"。我这才发现，这样的"变化"竟然是在不知不觉中逐渐形成的！而我也从来未对自己的数学成绩如此"有感"……

正因为有这样深切的感受，我开始真的发愤图强，除了加强数学这一科目外，其他科目也不敢轻视，结果在高中毕业的时候，我拿到了校长奖！这不仅跌破了老师的眼镜，也跌破了父母的眼镜！在这段力争上游的过程中，成功的关键在于父母帮我恢复了我对数学成绩的"感觉"，并且在不断的鼓励中，持续地维持着我对学习的"有感度"。

在这段"逆转胜"的深刻体验中，我不但获得了优异的学习成绩，感受到了父母与老师的鼓励与支持，更重要的是，我体验到了前所未有的成就感以及自我实现的满足感，这都是学习所带来的美好感受。当家长的，如果都能创造机会，让孩子感受到学习的美好，那么孩子又怎么会对学习无感呢?

差异和变化，换你来练习

要想让孩子有美好的感受，当家长的一定要以身作则。要想让孩子能有感觉，甚至能体验到美好。可以先从辨别"差异"和"变化"开始。以下有十道题，你如果觉得是"差异"请写"A"，如果觉得是"变化"请写"B"。

1.（　）小孩的成绩和班上的同学比起来，稍为落后。

2.（　）小孩的成绩小学时还不错，初中时有点退步。

3.（　）小孩的数学成绩，有时好有时坏。

4.（　）小孩的数学月考成绩，低于班上平均成绩。

5.（　）小孩小学时语文学得还不错，可是到了初中就常常不及格。

6.（　）小孩在小学五年级前，排名都是班上的前几名。但转学后，成绩就排在中游。

7.（　）虽然小孩只考了七十几分，可是与班上的其他同学相比，算是挺高的。

8.（　）小孩英文单词得了八十分，可是与班上的其他同学相比，算是较差的。

9.（ ）虽然小孩这次理化只考了六十五分，但和以前的成绩相比，也算是有进步了!

10.（ ）即使小孩这次理化考了八十分，但和以前常常满分的成绩相比，已经退步了!

解析：

1.（A）家长看到孩子成绩落后时，先别急着责备孩子，拿孩子以往的成绩来作比较，才能更清楚地知道他是进步了还是退步了。

2.（B）其实大部分的孩子，从小学毕业到初中的这个阶段，成绩不稳定的原因，往往是还没适应初中课程与小学课程的不同之处。

3.（B）当孩子刚开始接触新的科目时，成绩往往不稳定。可如果好长时间后还是这样的话，就需要与孩子一起分析问题产生的原因了。

4.（A）当孩子的成绩低于班上的平均成绩时，父母就需要与老师多沟通，以找出解决问题的方法。

5.（B）这种情形还是很普遍的。这并不是因为孩子不够努力，而是因为他还没有掌握语文的学科特点，当家长的，可以向孩子提供自己或别人的成功经验，供孩子参考。

6.（A）这种情形并不代表孩子的成绩退步了!学校使用的教材、老师的授课方法，都会影响孩子的成绩。也许只要帮孩子适应新环境，问题就能很快得到解决。

7.（A）有些家长会觉得孩子没有考到九十几分，甚至一百分，就不算是好成绩了!因此责怪孩子不够努力。事实上，有些小孩成绩虽然只有七十几分，但学习态度还是非常认真的!因此家长要用"客观"的态度，来看待孩子的成绩。

8.（A）同样的道理，虽然考了八十几分，看起来成绩还不错，但是和班上绝大多数的同学相比已经是比较落后的了，这也是家长需要留意的。

9.（B）有的小孩，虽然和大部分的同学相比，成绩算是落后的，但是跟他之前相比，已经有了明显的进步。这种情况下，当家长的，一定不要吝啬自己的肯定与奖励啊！

10.（B）和上一题的情形相反，孩子的成绩看起来还不错，但和孩子以往的成绩相比，却稍有退步。这时，当家长的与其责备孩子退步了，倒不如与孩子一起找出退步的原因。

以上是我在教学实践中遇到的，就孩子的学习成绩—家长和孩子最关心也最容易发生亲子冲突的问题。希望家长能够调整看问题的角度和心态，客观地看待孩子的学习成绩。

当家长的，如果能找出"差异"和"变化"的区别，那就说明你对孩子的成绩有所"感"。而且是在用正面、客观且积极的方式，去感受孩子在学习上的表现。此时，你要带孩子去感受他自己在学习上的表现，当孩子有感时，改变的契机就来了。

五、学习不只是为了考试和成绩

除了让自己和孩子一起感受他在学习上的"差异"和"变化"外，还要强化他们在感觉上的强度。有些孩子之所以对糟糕的成绩不痛不痒，甚至没感觉。往往是因为他们根本就不在乎自己的成绩，他们认为只有大人才会去计较谁考得好、谁考得差，谁是第一名、谁能考上好学校等。

孩子这么想，一点也不奇怪。这从上补习班的情况就可以看得清清楚楚，来补课、学才艺的，六成以上都是被父母"逼"来的。当然这也正常，因为家长都"望子成龙，望女成凤"，希望孩子能够表现得比自己更好、更棒！

曾经有一则笑话是这么说的：

小男孩对爸爸说："爸爸，为什么别人家的房子那么大，我们的房子却这么小？"

爸爸回答说："爸爸没有钱。"

小男孩又问："那要怎样才能有大房子住呢？"

爸爸说："你要好好读书，长大之后，就可以赚很多钱，就可以有大房子住了！"

小男孩又说："那你小时候为什么不好好读书呢？"

父母们普遍认为："有好的成绩，就能考上好的学校；上好的学校，就能找到薪水高的工作；找到薪水高的工作，未来生活才有保障，才能称得上是幸福的人生。"学习成绩只是一个分数，但是大部分的家长，很容易将孩子的学习成绩，与他们的未来画上等号，把学习成绩当作幸福人生的重要基础，当作功成名就的"保证书"。

但"学习"，不只是考试及成绩。从生理方面来看，学习能有效促进我们的脑部发育，有助于我们学习新事物；从心理方面来看，它可以作为自我管理与控制的工具，帮我们形成正确的价值观和人生观。

学习，是让孩子学会自我管理

大人都知道为了生存、为了家庭，就必须为各种目标努力打拼。通过学习，可以让孩子有目标地生活。当然，学习并不是生活的唯一目标，但运用学习这一工具，可以让孩子学会自我管理。

我认识一位妈妈，她从不把孩子送去上补习班，我一直疑惑她究竟有什么特别的教育方法，能让孩子乖乖地做作业和准备考试呢？后来才知道，这位妈妈对孩子学习做的唯一一件事情就是，每天晚餐前准备一张白纸，问孩子今天有哪些作业，要准备哪些考试，打算在几点完成。然后孩子就会把这张清单，贴在书桌前，达到预期目标之后，便在那个项目上打钩。打钩次数可以累计，累计到十点就可以得到一定奖励。这样做，孩子不但学习好，玩得也开心，这真是一个值得效仿的好办法。

这张清单，就是孩子学习自我管理的一种工具，从预计作业完成时间开始，慢慢地应用到生活的各个层面。孩子在学习自我管理的过程中所获得的，不只是把作业做完、把书读完，更重要的是在完成每件事的过程中，那种自我实现的成就感和满足感，当孩子能在日常生活中体会到这些美好的感觉时，他还会对学习无感吗？

学习，是一生的财富

知识就是力量！但很多大人总是在不停地灌输孩子，好成绩＝好工作，好工作＝财富多。财富再多，也是生不带来死不带去。有钱，买不到正确的价值观和人生观；学习，却能改变我们的价值观和人生观，而且正确的价值观，不会因时间的流逝而消失。

我们的教育，讲究的是德智体美劳全面发展，但在升学主义和文凭主义的推动下，我们往往只在乎"智"的表现。这样失衡的学习，不仅不能让孩子对学习有感，还会让孩子排斥学习。在品德教育与心灵陶冶上，也出现了严重的失衡。从校园日趋严重的欺凌现象中，便可略知一二。成功的教育，不只是让孩子学习好，更要让孩子通过学习，得到一辈子都受用的人生观，这样的学习才是完整的学习、更有意义的学习。有意义的学习，才能让孩子对学习有感。

学习，是强化脑力的过程

人的大脑，可以储存近二十亿条资料。学习，就是将资料储存到人脑的过程。人脑比电脑更厉害：电脑用得越久耗损越多，但人脑在合理使用下却是越用越灵活。因此，学习是强化脑力的最佳利器。

学习不等于读书，从儿童福利联盟文教基金会公布的《台湾学童学习过劳调查报告》中可以看到：有近四成学龄儿童累垮了，有约九成初中生睡不够。分析发现，孩子过劳的原因主要有"三多"，分别是考试多（32.1%的孩子表示近两个月内每天都有考试）、作业多（39.3的孩子曾学到晚上11点以后，甚至是通宵写作业）、补习多（61.9%的孩子有课外班，38.4%的孩子有才艺班，24.3%的孩子两者皆有），另外，51.9%的孩子周末假日都有学习课程。

这样的学习，孩子的大脑根本得不到充分的休息。这样的过度运作，就像烈日下高强度使用的笔记本电脑一样，不只摸起来会烫，还有可能会死机、坏掉。在这种"三多"的轰炸下，孩子不但体会不到脑部运作的奥妙，还会对学习感到索然无味，甚至是反胃恶心！

学习，不等于读书！如果我们让孩子把学习当作读书，那么孩子的学习无感，我们这些做师长的都是有责任的！

学习，才容易吸收新事物

在学习的过程中，前面学过的知识，能帮助我们学习新知识，并起到举一反三、触类旁通的作用。比如，当我们学会26个字母之后，就可以以这些字母为基础。学习英语单词，然后再以这些英语单词为基础去认识新单词等。

在学习过程中，有感且有意义的学习，不仅能帮助孩子学习新知识，更能让孩子在快乐的催化作用下，形成良性循环。在一次写作课上，我带孩子们欣赏一部名为《囧男孩》的电影，电影的主人公是两位小孩，一位男孩（骗子一号）为了能让另一位男孩（骗子二号，是骗子一号的朋友）玩上卡达天王，故意打破玩具店的玻璃窗。为了让儿子得到健全的教育，骗子一号的妈妈决定把孩子送到国外，骗子二号得知这一消息后非常难过，因为他唯一的好朋友就要离开他了！

当孩子们看到这一情节时，大部分同学都哭得稀里哗啦的！等孩子们的情绪释放得差不多时，我开始教他们叙事的技巧。然后让他们运用叙事的技巧，将《囧男孩》的这段情节完整地描述出来。

在这次练习中，孩子们一改往日的风格，写得非常认真。他们所写的内容，虽然仍会有细节漏写、语言不够通顺等问题，但从他们的用字遣词中，我看到他们是带着感动写下这些文字的。

这就是我所说的有感良性循环。孩子们看了《囧男孩》之后，内心有所感触，然后我再以电影中的情节为例，来教他们叙事的方法。最后让孩子用叙述情节的方式，来描述他们内心的感受。孩子一旦有感，便会启动他们学习能量的枢纽，接着就会自然而然地学习新知识，进而创作出自己的作品，如此周而复始循环不已。

六、从借口中了解孩子的学习情况

借口，人人有之。孩子的借口，是大人走进他内心世界的通道之一。从孩子所用的"借口"中，我们可以了解孩子更深层的"起心动念"！考试没考好时，孩子最容易找"借口"。我们可以通过孩子的借口，来了解孩子的"有感程度"。下面我们结合孩子最常见的六种借口类型来解析孩子对学习的"有感程度"。

能力不行

当孩子没考好时，他可能会说："这次没考好，我觉得可能真的是因为能力太差了！"当孩子找类似的借口时，那么他对学习的有感程度大概只有★★★（按有感程度满分为★★★★★算）。这时，作为师长首先要想办法增强孩子的自信。只有这样，孩子才会有进步的可能。

我在教学实践中遇到过不少"看衰"自己的孩子。每次把写好的作文交了之后，都会很泄气地对我说，"老师不用改了！我看这次大概也就三级分（满级为六级分）。"一次，我专门把一个看衰自己特别严重的孩子留下来，把他之前写过的作文抽出一篇和他讨论，然后让他以同样的题目再写一遍，这篇重写的作文得了他从未得过的四级分。当他知道这一结果后，欣喜之情溢于言表。从此，他再也不"看衰"自己了！

这个学生对自己的表现有太多的负面感受。当师长的要创造机会，把他的负面感受转化为正面感受。那么，这样的有感才是有价值的，也是能创造出好成绩的。

努力不够

当孩子没考好时，他可能会说："这次没考好，我觉得主要是自己努力不够！"当孩子这么讲时，他对学习的有感程度高达★★★★★。这时师长们可以鼓励孩子多努力，孩子在师长的鼓励以及自我的期待下，也一定会全力以赴。

在教学实践中，当考试成绩公布后，大部分学生都会找各种客观原因，很少有人会觉得是因为自己努力不够。但仔细观察那些名列前茅的学生就会发现，当他们考得不理想时，很少会找客观原因，而往往是认真地去检讨自己错在哪里，还有什么可以改进的地方。

能够承认自己努力不够的学生，成绩通常都会很好、很稳定。他们对自己的学习，大多持积极乐观的态度，能去坦然面对更严峻的升学考试，能去积极应对求学路上的种种困难。这样的学生，不仅对学习有感，而且对学习有正面的态度，一则显示出高度的自我管理的能力，二则也显示出他们积极进取的人生态度。

难度过大

当孩子没考好时，他可能会说："这次没考好，主要是由于题目太难了！"当孩子找类似的借口时，他对学习的有感程度大概只有★★，因为试题的难易与否不是自己能够掌控的，但努力却是可以自我掌控的。

没考好时，好多孩子都会找这类借口。这也不奇怪，责怪别人很容易，检讨自己却很困难。可是，把责任归咎于出题老师，真的有助于自己的学习吗？那些总是怪老师的学生，他们下次的成绩，往往还和这一次差不多，很少能有大的提高。

一次成绩下来，一个平时作文成绩很高的学生，竟然只考了四级分（满级分为六级分），于是他质疑我平时给他们的作文分数，是不是太宽松了。我则回应他说："有吗？平常我只给三级分的学生，他在这次考试中竟得了四级分！那你觉得老师给分是过于宽松，还是过于严谨呢？"

当孩子老找其他客观原因时，要先静下心，和孩子一起讨论问题出在哪里？怪老师、怪同学，归罪别人对孩子的学习态度和成绩，不会有一点作用。

孩子的有感，别用错了地方！真正有益的有感，是能够激励自己去上进、去努力，用正面、积极的方式去看待自己。这样的有感，才是进步的基础。

运气太差

当孩子没考好时，他可能会说："这次没考好，主要是因为我猜题及猜答案的运气太差了！"当孩子找类似的借口时，他对学习的有感程度，大概只有★！遇到这种反应的孩子，做家长的首先要清楚地知道，人的运气虽然有"好运""平顺"和"歹运"，但是"好运"也会有用完的一天，与其期盼那些不可知、不可控的"好运"，倒不如增加自己的努力程度，这才是真正的帮自己"开运"！

孩子在大考前，总有父母会替孩子去庙里求神拜佛，其实命运就掌握在自己的手中！有些学生会将自己的粗心归咎于自己运气差，有的学生考试时甚至会进错考场。有的学生，有感用错了地方，对运气这种事，也过于敏感了！有句话说："命好不怕运来磨。"同样的道理，把自己该准备的东西都事先准备好，真的不必在乎那些我们无法掌控的东西。

考前如果能事先做好准备，就不必忙中出乱走错考场。不要将任何的不顺利都刻意解读成运气不佳，这样它们就不会像阴影一样缠绕在脑海中。因此，"有感"一定要用对地方，只有这样才能对学习产生正面影响。

归咎他人

当孩子没考好时，他可能会说："这次没考好，主要是因为考试时监考老师一直盯着我，害得我好紧张！"当孩子找类似的借口时，他对学习的有感程度，大约只有★★。对于这样的孩子，家长在考前要多留意他的身心状况，并适时提醒他自己多注意，毕竟家长不可能照顾他一辈子，孩子终究得学会自己照顾自己、自己管理自己。

这类孩子，有感在于"别人"，而不是他自己。有个女学生，她平时模拟考试的成绩非常好，不出意外的话，可以稳上北一女（"台北市立第一女子高级中学"的简称，下同）。可是在考前的一次写作测验中，这位女学生突然得了零级分。这让她慌了手脚，不知如何是好。紧接着，拉肚子、发烧等不适症状接连出现。

孩子的妈妈就像热锅上的蚂蚁，不知如何是好。带她去看医生，医生说她得了"肠燥症"，是因为心理压力过大引起的。后来，我向她妈妈建议，先看看那篇"零分"作文。

原来这位女生在情急之下，把作文题目"我最喜爱的节'日'"看成了"我最喜爱的节'目'"。题目弄错了，文章写得再优美生动，当然也是零级分。这时难过到哭的妈妈才破涕为笑，才知道原来自己的女儿闹出了一个天大的笑话。原来，这位女生非常在乎老师们的肯定、外在的成绩，有了这些东西的支持，她才敢相信自己能考上北一女。一个零级分就可以将她对自己的自信，打得溃不成军。

而我相信这个学生能考上北一女的原因，是她的学习态度，而不是她的学习成绩。我对这位女生的学习态度很有感，深信这样的学习态度，会让她考上自己理想的院校。而她却对师长们的肯定和成绩很有感，只要这些外在的人和物有个什么风吹草动，她的自信就会受到影响。

没有自信的有感，犹如镜中花、水中月，做家长的要在孩子的学习过程中，唤醒他对学习的感受，通过各种正面鼓励来维持他学习的热度，通过触动或感动的不断积累，来逐渐提高他的自信。只有有了以自信为基础的有感，才能让孩子对学习终身有感！

身体不佳

当孩子没考好时，他可能会说："这次没考好，可能是因为考前感冒造成的！"当孩子找类似的借口时，他对学习的有感程度，大约有★★。对于这类孩子，首先要让孩子学会照顾自己，这是学习自我管理的第一步。而要让孩子学会照顾自己，首先就要让孩子在生病时，懂得按时吃药。一次，一个家长刚见到我，就把孩子的药包递出我，并请我按照时间给孩子吃药。

"吃药，究竟是孩子的事？还是我的事？"我看着才小学二年级的学生，心里想："今天我可以按时给他吃药，可是在他长大后，还会有老师或其他人喂他吃药吗？"

富兰克林曾说过："保持健康，是对自己的义务，也是对社会的义务。"孩子的健康，是社会的责任，是大人的责任，更是孩子自己的责任！从小就把孩子对自身健康的责任丢给其他人，看似是在关爱孩子，其实是在剥夺孩子为自身健康尽责任的机会！

下课后，我请那个学生过来，对他说："这是你的药，药包上面已写明几点钟要吃药，请你现在用手表设定闹铃好按时吃药，一定要注意提醒自己吃药哦！"等孩子设好闹铃后，我在联络簿上，告知家长我是如何处理孩子吃药这件事的，并且提醒家长："请孩子自己记着吃药，对他的身体健康来说是一小步，但对培养自我负责的精神却是一大步！"

现在很多小孩都是衣来伸手饭来张口的王子或公主，他们生活中的点点滴滴，大人都帮他们准备好了，小的时候如此，上学之后，家长还要帮他们拿书包、拿东西，在他们身边好生伺候。一遇到大型考试，全家仿佛都要进入备战状态，在这样的氛围下，他们觉得读书只是为了给这些辛苦的大人一个交代，满足大人的期望和虚荣，久而久之，孩子便渐渐失去了学习自我管理的宝贵机会。

当家长不给孩子自我管理的机会时，他的学习是很被动的，就像例行公事一样。因此当他没有考好时，他的心里也许会想："你们要我写作业，我也写了啊！你们要我读书，我也读了啊！你们要我准备考试，我也准备了啊！为什么你们还那么不满意呢？谁喜欢生病啊！你们不知道我考试时有多么痛苦，我是忍着不舒服才把考试考完的啊！"

有这种想法的孩子，别奢望他能对学习有感！因为在父母及长辈无微不至的照顾下，他早就失去了认识自己、接触并探索社会的机会。他对自己都是无感的，又怎么谈得上对学习有感呢？

总之，让孩子从认识、接触并探索自己的身心开始，家长就要适当放手，借此创造机会，让孩子学会自我管理，而学习本身的意义就在于培养孩子自我管理的能力。只有这样，才能让学习如同保温瓶一样，既可保温又可加热！学习才能变成一件有价值、有意义的事！

各种借口的类型及孩子对学习的有感程度，如下表所示：

借口与学习有感度关系一览表

因素	类别	借口（孩子考试版）	对学习的有感度（★★★★★为满分）
内在因素	能力（无法主控）	□我觉得这次没考好，可能真的是因为能力太差了！	★★★
	努力（能操控）	□这次没考好，我觉得主要是自己努力不够！	★★★★★
	难度（无法主控）	□这次没考好，主要是老师出的题目太难了！	★★
外在因素	运气（无法主控）	□这次没考好，主要是因为我猜题及猜答案的运气太差了！	★
	他人反应（无法主控）	□这次没考好，主要是因为考试时监考老师一直盯着我，害得我好紧张！	★★
	身心状况（无法主控）	□这次没考好，可能是因为考前感冒造成的！	★★

以上介绍了如何通过孩子的"借口"，来了解孩子对学习的有感程度。海伦凯勒说："信心，是命运的主宰。"托尔斯泰说："自信，是生命的动力。"家长想让孩子对学习有感，首先就要提高孩子的自信，自信能让孩子快乐地学习，更能为孩子提供不竭的学习动力！

★惜学小故事

胡适曾说过："求学的最大要诀，莫过于有恒。学问的获得，不能一曝十寒，而是要点点滴滴，聚沙成塔，慢慢积累起来。"没错，没有恒心怎么会有过人的成就？那些有名的学者，哪一个不是通过寒窗苦读学出来的？像白居易的口舌成疮手足成胝、李密的牛角挂书、孔子的韦编三绝、车胤囊萤映雪、匡衡凿壁借光、苏秦引锥刺股等，都是成功的例证。

近代学者王云五先生，也是个苦读成名的好例子：他从小家境贫寒，小时候便辍学了。然而他从没放弃求学的意愿，奋发向上，日复一日，年复一年，终于获得了荣誉博士学位。由此可知，聪明才智并不是绝对的，只有持之以恒的苦学才能获得成功。

★惜学小语

"书本就像降落伞，打开才能发生作用。"现代的孩子，大部分不愁没有书可读，但愁的是没有兴趣打开书。而不打开书，就永远无法领略学问之妙与学习之美。

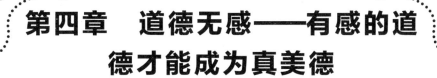

第四章　道德无感——有感的道德才能成为真美德

大部分的孩子对道德并不是"无感"的，在学校及家庭的教导下，大多数孩子都知道哪些该做哪些不该做！只不过当他们多了一些利益上及同伴关系上的考量，就可能让他们的道德及品格上蒙阴影。随着社会风气的恶化，"选择性"的道德观已慢慢转变成"无感式"的道德观。

一、孩子道德无感，父母应从自身做起

讲到道德，有一则新闻至今都让我难以忘怀，这则新闻的内容大致如下：

台北市一名9岁女童为了千元在线游戏点数卡，上网发帖援交，女童虽清楚标明："我今年9岁！"不料留言一出，竟有近20名无耻色男疯狂抢标，而网站成千上万的网友看到女童留言后，也无一人阻止或报警，集体坐视女童被变态人渣竞食。女童最后帮一名16岁少年口交，成为台湾地区最年幼的援交女。

报道这则新闻的记者向台北市警察局文山二分局侦查队长孙福佐查证时，身为人父的孙队长脸色沉重地坦承有此事，他强调基于法律无法透露细节；但办过无数案件的他不禁沉痛叹息说："太离谱！这个社会病了！就算我被处分，我也要让社会知道此案，希望各位家长能多关心孩子的生活习惯及上网交友情况。"

这位小女孩的妈妈，得知此事后，忍不住落泪自责，认为自己不是个好妈妈，作为单亲妈妈的她，因疲于生计而忽略了孩子在网上的行为，最终导致发生这样既荒谬又令人悲愤的事情。

这样的事让人感到心痛不已。宅世代的生活方式，不只改变了孩子的生活，就连对道德应有的标准，也都跟着扭曲变形了！

网络观察家朱学恒听说近20人竞食9岁女童，忍不住痛骂："这些竞标者根本就是人渣！这是文明社会所不允许的！这大概是近10年来，错误网络教育与网络规范最严重的案件。"小女孩不知道，在网络世界中隐藏着多少危机和陷阱，这是教育的不足。可是那些竞标者，还有那些浏览网页的人，他们的道德都跑到哪里去了？因此在此呼吁社会应加强性别教育，将"男女平等、女性勿将身体物化"等观念从小扎根防堵，并落实信息分级制度，避免孩子接触超龄信息。

现代妇女基金会执行长姚淑文听到这则新闻后，忍不住感叹如今的媒体及社会文化充斥着金钱游戏，令孩子价值观混淆，甚至到了道德沦丧的地步！那些网站经营者为了浏览数、招广告，罔顾社会道德责任，造成儿童及青少年可随意进入限制级网页。这是整个社会都应该负起的责任！当我们在享受网络上种种便利的同时，也该负起作为社会公民应尽的责任。

孩子的道德观，受三个层面的影响，分别是家庭、学校及社会。每一个环节都非常重要，三者缺一不可。"家庭"就像上游的原料供应商，如果在源头没有得到很好的控制，那么到了中下游，情况就更难处理了；"学校"就像中游的厂商，这时就该发挥品管的作用，让产品（孩子的道德观）拥有足够的资源和健全的培养；"社会"就像市场，孩子的道德观会面临许多考验，当产品（孩子的道德观）发生问题时，可以进厂维修，但有些零件仍要靠上游的供应商来提供。

由此可见，孩子的道德观不是一朝一夕就可以形成的。它要有足够的材料、完整的作业程序及循序渐进的步骤才能完成。同样，孩子对道德无感，也不是一朝一夕就形成的。每个环节各有其职责和功能，一旦某个部分出现问题，就会连带影响其他部分。

家庭，培养道德观的摇篮

家庭，是一个人思想、意识、行为及性格等形成的重要场所。而小孩的道德观，又与其自身的思想、意识、行为及性格有关，所以在孩子道德观的形成过程中，家庭扮演着摇篮的角色，父母的一言一行，都是孩子道德观形成的重要原料。因此，父母的身教在孩子的道德观中具有非常重要的作用，为人父母者不能不慎。

我曾经给一个孩子做过家教，他们家祖孙三代住在一起，他的妈妈因为某些原因离开了家，由家庭的姑姑代行母职。庆幸的是，姑姑是未婚的单身女性，所以她能花更多的时间和精力来照顾他。

一次，课上到一半时，这个学生突然问我："老师，您今天几点起床？"

"六点。"

"我今天早上五点半就起床了！"

"为什么这么早呢？"

"因为我想早点起床看爸爸打电玩。"

......

我终于明白，这个从前成绩优异的学生，成绩为什么会一落千丈，原来是因为他沉迷于电玩。更严重的是，连大人自己也"下海"了，看到自己教的学生成绩越来越差，我这个当老师的有了退却的念头。

我跟孩子的姑姑说，因为自己有事不能再继续教下去了。他姑姑看我面有难色，便刨根问底，我只好原原本本地跟她把孩子上课的情况说了。后来我说，孩子张口闭口都是电玩，话语当中充满了电玩情节的暴力意味，如果他的家庭环境没有改变的话，孩子的成绩是不会有起色的。再这样教下去，只能是浪费我的时间和家长的金钱。

孩子的姑姑非常感谢我的"直言"，因为他没有妈妈，爸爸又沉迷于电玩，她这个姑姑只好身兼母职。其实，不管孩子由谁照顾，家长身教的效果，绝对远远超过老师！

现在，每当家长跟我反映孩子玩电玩的问题时，我都会问家长"你们自己是否也在玩电玩呢？""自己是否到了三更半夜还在上网呢？"答案往往一点也不令人意外，父母不是玩游戏就是上网，自己玩得不亦乐乎，孩子看到这种情况，当然也想玩。当家长的如果能树立起良好的身教，那么孩子就能在耳濡目染之下培养出良好的品格。

"水可载舟，亦可覆舟。"家长的身教，从消极面来看，会带来不好的影响；从积极面来看，也能带来好的影响。我有一位朋友，她从小就得了小儿麻痹，走路有点困难。但即使如此，她从不因此而给自己找理由，在孩子面前，表现得和正常人一样。

有次她带着两个已经读高中的孩子坐地铁。还好，她和孩子都有座位可坐，在她前面，有一个看起来像高中生的孩子坐着爱心专座、听着音乐、玩着智能手机。

当我的这位朋友坐到一半时，一位妈妈上车了，她背上背着一个小孩、手上领着一个小孩。这时，我的朋友竟然起身给新上车的妈妈让座，朋友的两位孩子看到妈妈起来，也跟着起来让座。而那个坐爱心专座的高中生，眼睛盯着手机，好像什么事都没发生。

后来谈起这事，我跟她说："其实你根本不用让座啊！更何况你坐的还是普通座。"我朋友则说："不行！尽管前面的那位高中生坐的是爱心专座，但我还是要让座！"我问她为什么要这样做，她说："因为我要做给孩子看！"

"道德是有感染性的！"当我的朋友起身让座时，她也将这种让座的美德，传染给孩子。孩子自然能从妈妈的行为中感受到道德的重要性。而这也告诉我们，要想让孩子拥有健全的道德观，父母就要从自身做起，要把握生活中的点点滴滴，来进行道德方面的教育。

古今父母大不同

现代父母与以前的父母相比，观念和想法都有所不同。现代的家长，小时候基本上受的都是威权家长制的教育，大部分都是在缺乏爱、缺少尊重与同理的环境中长大的。为了不让孩子受自己童年时的苦，为了和孩子建立亲密、和谐的亲子关系，现代家长一般不用权威或体罚的方式来管教孩子。

现代的父母与过去的父母相比，更懂得学习教养方面的知识，但自己孩子的生活环境和教养书上孩子的教养环境毕竟不同。现代的父母比以前的父母更加难当的一个重要原因还在于，父母都要工作，这在提高家庭收入的同时，也意味着父母不得不减少花费在教养上的时间和精力。既要上班又要管家的父母，当然很难兼顾管教的方式与质量。

美国临床心理学家玛姬.玛曼（Maggie Mamen）认为，凡事以孩子为中心、有求必应的方式，容易成为"宠父母"，这些宠父母们，总是想方设法去满足孩子所有的期待，因为他们担心拒绝会影响与孩子的亲子关系。他们会尽量避免为孩子设目标，很少谈到责任、道德与价值观的重要性，深怕这些会给孩子造成压力。

而被"宠父母"培养出来的孩子，就可能会成为"被宠溺儿童"。"被宠溺儿童"的共同特征如下：

（1）已经有了需要的东西，但仍然需索无度。

（2）他们认为自己和成人有同等的权利，却无法接受所应担负的责任。

（3）他们受到极度的保护与关爱，却还是不满足，甚至感到焦虑及愤怒。

（4）有上述情形的部分孩子，还被诊断为情绪障碍、行为障碍或其他精神病学上的失调。

2001年，美国《时代》杂志以封面故事"权力的挣扎：究竟谁掌权？"报道因父母溺爱而造成的青少年问题。《时代》杂志调查发现，八成民众认为现在的孩子比十到十五年前的孩子更加受宠；三分之二的父母承认，他们的孩子的确被"宠坏了"。而这样的宠小孩，不只孩子和家庭要为之付出代价，整个社会都要为这些宠小孩付出代价，"叶少爷""中指萧"是最明显的例子。"叶少爷"叶冠亨酒驾撞死人，除在医院接受媒体采访时说过道歉外，就躲了起来，他的妈妈虽然去受害者的灵堂前代为致歉，但仍引发社会大众的声讨。"中指萧"不让道给救护车，还对救护车竖中指，致使86岁的余姓老妇人因错过最佳的急救时间而不治而亡。萧的父亲竟然还打电话到节目，企图为儿子辩解。孩子对道德无感，做父母的真的难辞其咎。

二、校园欺凌问题，突显品德教育的急迫性

除了家庭外，学校是孩子另一个重要的生活场所。校园是孩子生活和学习道德相关课题的重要场所，也是学生运用道德观和发扬道德精神的重要场所。现在来看看孩子目前生活的校园情况。

"欺凌"是现在电视及媒体经常出现的字眼，校园各种乱象层出不穷。在桃园县八德初中学校一连串的风波之后，校园的欺凌问题终于引起了社会的广泛关注，有关单位也通过举办各种活动来表达反欺凌、反暴力的心声。现在的校园看起来风平浪静，但欺凌问题真的已经得到根治了吗？

据学生反映，现在校园的欺凌方式似乎有"化明为暗"的趋势。表面上，不再用殴打或欺凌的方式来欺负同学，而又转移到网络上用语言来欺凌。欺凌一旦"上网"，形式不仅多了起来，范围也跟着扩大，师长们也更加难以管控。其实，不管欺凌以何种形式存在，都反映出孩子

们的道德观已经接近崩溃的边缘！

在师长们读书的年代，校规是金科玉律，就像孙悟空被压在重重的五指山下，想要造事是很困难的。另外初中还有《公民与道德》这门课，有青年十二条守则等来约束孩子们的言行。可是随着时代的发展，生活方式带动了价值观的改变，这些校规或青年守则，早已失去了当年的效力。旧的已矣，新的又不能有效约束孩子们的行为，导致孩子们的思想和行为出现了严重扭曲。

孩子的道德观，摇摆不定

考试是学生生活的重要组成部分。一次在班上谈到有关道德的议题时，我问学生："有看过其他同学作弊的请举手"，几乎全班的学生都举起了手。我接着又问："看到之后会去检举的请举手"，结果举手的少之又少。于是我问那些没举手的学生，看到别人作弊为什么不检举呢？学生们说："不想被别人贴上告密的标签""会被修理或报复""会被讨厌或排斥"等。

我又接着问："如果你最要好的同学，因为某些原因，而请你在考试中帮他作弊，会帮忙的请举手？"会帮的和不会帮的基本各占一半。选择不会的学生比较理性，认为帮他等于害他，而且自己还可能受到牵连；选择会的学生比较感性，认为也许他真的有困难，帮他一两次是没有关系的。

我又问："从小到大，有过作弊的请举手。"结果几乎全部学生都举起了手！学生普遍认为：一、别人作弊自己不作的话，太亏；二、有时作弊也是被大人"逼"出来的，因为考不好会被骂或被打；三、大部分的同学都作弊，那些没作弊的人很容易被怀疑或排挤。

从孩子们的回答中不难看出，孩子们的道德标准很像孙悟空手中的金箍棒，随时会根据情况加以调整。只要是对他们有利的、不会伤害他们的，就会偶尔"不道德"一下，似乎还觉得无伤大雅。孩子们的道德观如果像变形金刚似的说变就变，那么我们下一代的品德教育就会像无根的浮萍一样，一有风吹草动，就会载沉载浮，甚至无影无踪！

以上是初中生对于有关道德的观念及做法，这些观念及想法也不是到初中后突然形成的，在孩子还小的时候，他们就已经逐渐开始形成自己的道德观了。相比初中生对作弊这件事所显现出来的摇摆式道德观，那些小学生的道德观有没有问题呢？

一次上课前，我问一位上次没来的学生，为何没来上课？他说因为学校运动会的关系，所以就没来上课！于是我就问他有关运动会的事。他说他们班有参加大队接力的比赛，而且他跑的还是倒数第二棒！我说："那你一定跑得很快！所以体育老师才会把你安排到这么重要的位置。"这个小学四年级的学生好不容易才用勉强挤出笑容，来回应我的夸奖。

我看他的表情怪怪的，于是又问："那你们班跑得如何？"他紧绷着脸说，连决赛都进不去！我安慰他说："有没有进决赛并不重要，跑得开心才最重要！""我就是不开心！""为什么呢？""因为有人作弊！""啊！老师只听过考试作弊，怎么连赛跑都作弊啊？""怎么不行？有的人跑内圈时，故意跑成斜的，这样他就可以超过原本在他前面的。""那你看到后，跟老师说了吗？""没有！""为什么不说呢？""因为其他人没讲，我也就不讲了"……

我又问："如果是你们班的同学作弊，你会怎么做呢？""嗯……如果能跑赢或他是我好朋友的话，那就当没看到。""那如果是你在班上最讨厌的同学呢？""那我就要想想看。"

虽然这个小孩的反应，不能代表所有的小学生，但是一叶可以知秋，我们从这个孩子的身上多多少少可以看到，小学的孩子在家庭、学校及社会的教育下，基本的道德观已经大致成形，但随着环境及角色的不同，他们对道德的坚持度也会随之改变。

从上面的例子中可以看出，大部分的孩子对道德并不是"无感"，在家庭、学校及社会的教育下，大多孩子都知道哪些该做、哪些不该做！只不过当他们多了一些利益及同伴关系的考量，就可能让他们的道德及品格蒙上阴影。随着社会风气的恶化，"选择性"的道德观，已逐渐演变成"无感式"的道德观。

无感道德，温水煮青蛙

那个为了点数而去援交的小学三年级女孩，如果说是出自于年幼无知、不明事理，那么那些在网络上浏览而不制止甚至去竞标的人，则是无感！对于这个小女孩和自身的偏差行为，没有感觉、知觉，甚至还感到新奇和刺激，这才是真正让人感到痛心和不可思议的地方！

像这样的无感现象，你我可能都有责任。著名文学家蒋勋说："社会的物化是不知不觉的，真的是不知不觉的，我们可能都在其中。"面对9岁小女孩被物化的现象，我相信，这只是社会的冰山一角。只要打开电视、翻开报纸就会发现，物化的现象层出不穷。不管在什么样的营销场合，都可以看到穿着清凉的辣妹，甚至在某些庙会酬神的场合，都能看见辣妹跳热舞。有的家长放任小孩在旁边观赏，而不加以阻止。家长，可以说是孩子面对各类社会信息的第一道也是最后一道防线，一旦这道防线失守，孩子所受的影响是难以估计的。

我们从孩子的言行中，就能看到社会对他们的深刻影响。有的小孩来教室上课，明明旁边还有一个位置，但他想一个人独占整张桌子，就把东西放在旁边的椅子上，让别人以为这里有人要坐，但实际上只有他一个人。

有的小孩为了能让自己看得更清楚，明明自己个子很高，却偏要坐在前面的位置上。而比他还矮的学生，却不得不跑到前面，跟别的同学挤到一把椅子上。这就像在地铁或公交车上，有些年轻的乘客坐在爱心专座上，看到有老弱病幼上车，不是假装闭上眼睛闭目养神，就是看着窗外，摆出一副与他无关的样子。

学生之间常为了一些小事而起冲突。下课后，老师最常做的事情不是休息，而是处理学生之间告状的事情。这些基本上都是鸡毛蒜皮的小事，就像有些邻居，常常为了那么一丁点小事而起冲突，甚至是告上法庭。

有些人为了给自家省电，去市民运动中心活动时，还不忘带一条延长线，插座上面插满了各式各样要充电的产品，这样的"省电"行为看似省电，但实际上这些电最终还是要由民众来买单。有的家长带孩子来上课时，还不忘在走廊的插座上给手机充电；有些家长带孩子来图书馆时，却让孩子坐在明确标明"只提供笔记型电脑使用，且不提供电脑以外的电器用品插电"的座位上，还忘不了拿出手机充电。不知他们是否想过，那些已经能看得懂汉字的孩子看了后会作何感想？

面对物价上涨的压力，许多人买个东西一定要反复地讨价还价。连学生交学费时，都有学生向我提议，可不可以分期付款或打个折扣之类的。虽然只是玩笑话，但我也从这些言谈举止中，深切感受到父母的身教、社会的风气，在孩子身上所留下的痕迹。诸如此类的事件，真的数不胜数。社会风气在不知不觉中，影响着大众、影响着下一代！

面对这样的社会现象，到底有没有考虑一种力量来制衡？高度经济化的社会并不是不好，但其缺点就在于没有平衡的力量。蒋勋认为"资本主义的单一化，最终会发展成为一部巨大的绞肉机，把每一个人都绞进去，而我们需要做的，就是要形成一股制衡的力量，以共生共享的概念，去阻挡绞肉机的运作，并维持社会的多元性。"

当家庭、学校及整个社会，无法去做培育人文精神的工作、无法传承做人做事应有的道德时，就算城市中又多了几栋高楼、自己的账户又多了不少钱，但面对为了点数去援交、为了手机去抢劫，甚至因为要不到零用钱而杀亲的下一代。我们想想，为了这些有形的财富及商业利益而付出如此惨痛的代价，真的值得吗？

这样的物化，就像温水煮青蛙。你我都像那只青蛙，可能在不知不觉中，慢慢地沉沦。这样的不知不觉，就是一种无感。"道德是会感染的"，同样，"不道德也是会感染的"。"由俭入奢易，由奢入俭难"，同样的道理，由有道德转为不道德是很容易的，但是，由不道德转变为道德是很困难的。

"少女援交"事件发生后，就有专家严厉警告，台湾社会已堕落到道德集体沦丧的地步！"少女援交"这则新闻是在2011年8月12日报道的，约半年后的2012年2月又发生了令人震惊的台铁性爱派对。主办人蔡育林包下台铁客厅式车厢，模拟"电车痴汉"的情境性爱集会，当时一共有18名男子参加，女主角"小雨"则是年仅17岁的未成年少女。这种道德集体沦丧的速度和范围，真是超乎人的想象，由此可见，当每个人的道德防线逐渐降低，以至于无感，甚至瓦解时，就是道德丧钟响起的时刻。

身为社会大众的我们，面对绞肉机的不断加速运作，面对社会伦理与法治都快要被卷进去，我们的下一代也快要被卷进去之时，我们能做些什么？面对如恐龙怪兽般的绞肉机的不断运作，我们能做的就是不要让自己卷进去、不要让下一代卷进去！

想让自己不被卷进去，就得靠自己本身的自觉；想让下一代不被卷进去，就得靠家庭、学校及社会三方的共同努力。只有三管齐下，才能让下一代对道德有感，才能让他们体会到美德之所以美的原因。

三、道德发展，最好能达到知行合一的境界

　　道德发展（moral development），是指在社会化过程中，个体随着年龄的增加，逐渐学到的是非判断标准，以及按该标准去表现道德行为的历程。道德又含有两种含义：其一是属于"知"的道德，即对是非善恶事件的判断；其二是属于"行"的道德，即对道德理念的具体实践。从理论上讲，谈道德发展应同时兼顾知与行两个层面。

　　个人的道德发展最好能达到知行合一的境界。知行合一，是明朝王守仁所提倡的，指知与行是完整的状态，而非可分开的两部分，就像见到父母亲，自然就知道要孝顺；见到兄长，自然就知道要敬悌。但知道并不代表实行，大多数的成人都知道哪些行为是道德的，哪些行为是不道德的。之所以在生活中没有按道德的规范去做，是因为心中有欲望，眼中唯利是图。

　　美国哈佛大学教授柯尔伯格（Lawrence Kohlberg）采用纵贯法，用

长达十年的时间，以垂直记录的方式，记录了72个十到十六岁男生的道德判断，之后又到世界各地去推论验证，最后在1969年提出了他的三期六段道德发展理论。具体如下：

道德成规前期（有感道德萌芽期）

这个期间大约在学前幼儿园到小学低中年级这一阶段。儿童的道德观念是纯外在的，儿童是为了免受惩罚或获得奖励而顺从权威人物所规定的行为准则。这个期间可分为两个阶段：

第一阶段：避罚服从取向。这一阶段的孩子缺乏是非善恶的观念，他们根据行为的后果来判断行为的好坏及严重程度。服从权威或规则只是为了避免处罚。

第二阶段：相对功利取向。这一阶段的孩子为了获得奖赏或满足个人需要而遵从准则，他们认为如果行为者最终得益，那么为别人效劳就是对的。他们能部分地根据行为者的意向来判断过错行为的严重程度。因为他们对道德的感受，是建立在害怕和高兴这两种截然不同的情绪之上的，因而很容易因外界的影响而改变。就像刚从土里钻出来的嫩芽，它对外界的光线及其他环境的变化很敏感，外界的风吹草动，都会影响它的成长！

比如在课堂上，如果不听老师的话会被批评甚至体罚，听老师的话会得到老师的表扬和奖励，那么孩子就会尽力听老师的话。但如果要进一步问孩子，老师到底讲了什么，为什么要这么讲，为什么要遵守道德，那孩子就不一定能说得清了。因此在这个阶段，当师长的一定要注意区分孩子是"听话"还是"压抑"？

如果孩子的听话是因为他有话不敢讲、有想法不敢做，那么这就是一种"压抑"。如果家长有"孩子听话就给表扬"的习惯，就一定要调整自己的观念，因为当孩子提出与你不同的想法时，这代表着他开始有自我意识了，不再是别人说什么就是什么，没有自己的独立见解、只会盲从的跟随者，而这正是值得鼓励的地方。因而一定要鼓励或奖励孩子勇于表达自己的想法，而不是要求孩子一味地听话。

只有这样，孩子才能真正理解为什么人类在共同生活时，要有行为举止的规范与准则。要逐步建立孩子对行为规范的观念和想法，让这些道德观能在孩子的脑海中逐渐萌芽并成长。

道德循规期（有感道德成长期）

这个期间大约从小学高年级开始，可分为两个阶段：

第三阶段：寻求认可取向。为寻求行为上的认可，而遵从陈规，避免他人不赞成、不喜欢。

尊重大多数人的意见和惯常的角色行为，避免非议以赢得赞赏，重视顺从和做好孩子。儿童心目中的道德行为就是有助于人的行为或受别人所赞赏的行为。他们希望被别人当作好人，这时儿童已能根据行为的动机和感情来评价行为。

第四阶段：顺从权威取向。维护权威和秩序的道德观，遵从权威，避免受到谴责，判断是非时，已经具有初步的法制观念。这一阶段的孩子关注的重点是维护社会秩序，因而判断某一行为的好坏常以它是否有利于维护社会秩序为标准。

这个阶段的孩子对于道德的有感度是相当高的，不过这样的有感，是一种似真似假的有感现象。之所以"真"是因为，孩子随着自我自识的增长，对于哪些是对、哪些是错已经了然于心，就像刚生出的嫩芽，在父母与师长的灌溉下不断成长，并渐渐有了树的雏形；之所以"假"是因为，孩子愿意遵守规范往往只是因为想得到如"好孩子"的称赞，或者"模范生"的荣誉。

这个阶段的孩子，特别爱告状。我常常受理这样的告状内容："老师，他打我！""老师，他也打我！""老师，他骂我！""老师，他也骂我！"孩子们的告状，说明他们已具备了一定的是非辨别能力。因而告状可以说是孩子心理发育、人格发展的阶段性正常现象。随着孩子年龄的增长，告状现象就会渐渐减少。

这个阶段的孩子之所以爱告状，其中一个重要的原因就是想追求自我表现，通过说别人的缺点，来突显自己的道德观或寻求获得大人的肯定。当师长的，在遇到这种情况时，首先，要肯定孩子的积极行为，如"谢谢你告诉我这件事，我会视情况来处理。"然后，要提醒孩子该从告状这件事中学到什么，可以说"你知道同学这样做得不对，相信你也会提醒自己，不犯同样的错误！"之类的话。

总之，当大人的要用客观且同理的态度来处理孩子的告状，最好能在孩子告状后，告诉他们以后遇到这种情况该如何处理。千万不要抱着随便敷衍的态度来处理孩子的告状，别以为孩子分不出大人的真心诚意和虚情假意，这个时期的小孩可是精得很啊！

道德自律期（有感道德成熟期）

这个期间大约从青年末期接近人格成熟时开始，它的特点是道德行为由共同承担的社会责任和普遍的道德准则支配，道德标准已被内化为他们自己的道德命令，可分为两个阶段：

第五阶段：法制观念取向。相信法律规范是为大部分人的公益制定的，因而会尊重法律、遵守法律。

这一阶段的道德推理具有灵活性。他们认为法律是为了使人们能够和睦相处，如果法律不符合人们的需要，可以通过共同协商和民主的程序加以解决，认为能反映大多数人意愿或最大社会福利的行为就是道德行为。

第六阶段：价值观念取向。相信道德法则的普遍价值，理解人性尊严的重要性，能凭自己的良知去作是非对错的判断。他们认为应以适合各种情况的道德准则和普遍的公正原则为道德判断的依据。背离了一个人自选的道德标准或原则就会产生内疚或自我谴责感。

这个阶段孩子对于道德的有感，是来自生活中的种种体验，不管是正面的体验，如快乐、爱及成功，还是负面的体验，如生气、难过及痛苦，都累积并凝结成一种发自内心的真实感受。就像一棵大树，既能得到水、太阳及空气等有益的养分，也会受到风吹雨打及虫咬蚁啃的侵袭。只有在这样的环境中，他才能认知真实的世界及人与人之间的关系，才能以成熟的心态来面对这个世界。

在培养孩子对道德有感的过程中，孩子有时会遵守道德规范，有时也会犯错，如说谎、作弊、恶作剧等。当家长的要知道：犯错是孩子成长的机会，也是培养孩子道德有感的契机。随着孩子年龄的增长，犯错的原因及方式各不相同，家长的态度和处理的方式也要有所不同，只有这样才能赶上孩子成长的脚步。

0～2岁的孩子犯错——当家长的，最好不要责罚，因为此时的孩子真的是处于无知的状态，严厉的责骂对他们无济于事，反而会造成孩子心理上的障碍。

2～5岁的孩子犯错——当家长的，要明确地指出孩子的错误，并表扬孩子做得对的地方。例如孩子说谎，要告诉孩子为什么说谎是不对的，并且肯定他敢于承认自己错误的勇气。

5～12岁的孩子犯错——当家长的，除了指出错误之外，还要引导孩子如何从错误中学习，逐渐了解在团体生活中应有的规范。比如，有的男生特别爱欺负那些漂亮的女生，以借此获得她们的注意。这时，当家长的就要很清楚地告诉他，这样的行为，虽然会引起别人的注意，但只会给别人留下不好的印象。不但不能达到预期的效果，还会受到老师的处罚。

13～16岁的孩子犯错——当家长的，就要根据孩子的性格因材施教。外向的孩子，抗挫折能力通常会比较强，可以直接指出孩子所犯的错误，并且告诉他正确的道德观；对于内向的孩子，则要用比较委婉的方式指出他的错误。另外这个时期的孩子正值青春期，青春期的孩子，就像大人手中的皮球，对其用力越大反弹也越大，但如果将皮球用力往上一扬，又可能会飞得不知去向。当家长的，不管是往上还是往下，这力道的拿捏，正是对自身智慧的考验。

当孩子犯错时，不妨用讲故事的方式来激发他们思考，自己错在何处？该如何改进？这样更能达到教导的效果。

我曾教过一个非常调皮的初三男生，那时学校为了了解学生是否有吸毒行为，要求验尿。这个学生一时兴起，便想搞个恶作剧。于是他用市面上所买的绿茶，兑上一点点水，使得饮料看起来很像尿液的样子。等检查报告出来，保健中心的阿姨急急忙忙地告诉我，这个学生有很严重的糖尿病！我心想年纪轻轻的孩子，怎么可能会有这样的病呢？于是让这位男生把事情说清楚，他才不好意思地说，他只是觉得好玩，想知道那样做大人会有什么反应。

面对这样的学生，如果是用死板的方式来对他说教，一定不会有什么效果！于是我专门买了些有特别效果的糖果，这些糖果看起来跟一般的糖果基本没什么不同，但只要嘴巴一含，特别效果马上就会显现。我借口说他窗户擦得干净，请他吃糖果。他高兴地接受了我的奖励，但一含在口中便马上吐了出来，原来他吃到的是黄连口味的糖果。

我笑着对他说："你运气真好，这么多的糖果，你怎么偏偏吃到这么苦的糖果。"这个学生马上猜出我的用意，于是用讨饶的口吻跟我说："好啦好啦！以后我一定会乖乖配合验尿的。"

因此，大人不一定非要双手叉着腰、板着脸，一副凶巴巴的样子，或者像机关枪似的连续扫射一番，才能达到说教的效果。有时用讲故事、演故事的方式，让孩子在寓教于乐的过程中体会到自己所犯的错误，更能提升他对道德的有感度。

孩子所犯的错误正如铜板，师长们除了让孩子认清自己所犯错误的那一面外，也要让他看见铜板的另一面，即学习和成长。例如：让孩子在说谎的行为中，体会到诚实的重要性；在浪费的行为中，体会到勤俭的重要性等。

错误的经历，是孩子成长的必备养分。有些孩子在成长的过程中，在父母及其长辈的严格看管下，在幼年时期，很少有犯错的机会。可这样的小孩，随着年龄的增长，会逐渐出现一系列负面的行为。例如，小学时还是品学兼优的模范生，到了初中却开始染头发、抽烟等；当父母的，说他几句便会被他呛回去；到了大学，更是肆无忌惮，谈恋爱、同居等。

父母总觉得自己的孩子是因为交了坏孩子才做朋友变成这样。其实从心理学的观点来看，这些小时候被管得很紧的小孩，小时候父母不准他犯丝毫的错误，但随着自我意识的增强，他们渐渐想摆脱父母的控制，一旦脱离了父母的控制，便会像脱缰的野马一样，迫不及待地享受及挥霍难得的自由。

孩子的道德发展，就如同一棵大树的成长，家庭、学校及社会都是其赖以生存的沃土。父母、老师及社会大众，就是灌溉及看护这棵树的农夫。聪明的农夫都知道，不让树遭受害虫的啃蚀是不可能的，但过多的农药又会使这棵树残留太多的农药，这同样不利于树的健康成长；聪明的家庭主妇都知道，在买菜时，有点被虫咬过痕迹的菜叶，是最安全、最健康的。作为师长，不妨用这样的观点来看待孩子的道德发展，让孩子在正确及错误的过程中，持续进行道德的发展，这样才能提高对道德的有感度。

以上就是柯尔伯格的三期六段道德发展理论，事实上，根据柯尔伯格的观察测量，有些人在成年后，其道德认知发展仍处于第二期的第三或第四阶段。在成人世界中，既有小人、凡人，也有君子，小人的道德发展，停留在道德成规前期（有感道德萌芽期）；凡人的道德发展，停留在道德循规期（有感道德成长期）；君子的道德发展，则发展到道德自律期（有感道德成熟期）。当家长的，也可借此检视自己的道德发展，找到自我改进的方向，为孩子树立良好的榜样。

除了年龄外，也有学者认为，性别不同道德发展的顺序也不一样。美国女心理学家季丽淦（Gilligan）认为，男女两性在道德判断上观点并不相同。男性以"理"出发，重是非讲规定；女性以"情"出发，重善恶讲人情。因此在柯尔伯格的三期六段道德发展理论中，她认为第三阶寻求认可取向，重视的是感情上的人际和谐，第四阶顺从权威取向，重视的是理性上的法制规定，这两者只是立足点的不同，并无高低之分。总之，不管是从年龄、性别等观点来看自己和孩子的道德发展，也不管自己和孩子是处在什么阶段，只要保持曾子"一日三省吾身"的态度，经常自省并力求改进，错误自然就会越来越少。

四、正义和道德常常面临的两难问题

前面我们介绍了柯尔伯格研究道德发展的阶段，在研究当中，他常用讲故事的方式来了解孩子的道德观。柯尔伯格创作了许多值得深思的故事，而这些故事通常具有左右为难的特点，等故事讲完了，他就让受试者依照自己的道德观来处理这些两难问题。

两难问题，检视道德有感程度

"丈夫偷药救妻"是一个大家耳熟能详的故事，大致情节为：一位陈太太得了一种罕见的绝症，生命垂危。医生认为，有一种药或许救得了她。而生产这种药物的厂商，只提供给某个特定的药房，其他的地方买不到。因为是独家，所以药品的价格比其他药品的价格高出好几十倍。为了治疗罹患绝症的太太，先生变卖家里几乎所有的财产，还四处向亲友们借钱，但能凑到的金额，也只是九牛一毛。于是陈先生请求药房老板大发慈悲，能否便宜一点把药卖给他或允许他分期付款。但药房老板说："不行，我要靠它来赚钱，必须一手交钱、一手交货。"陈先生绝望了，于是决定铤而走险为妻子偷药。在第二天深夜，他破坏了药房的安全系统，摸黑找到了那救命仙丹，救活了生命危在旦夕的太太。

当柯尔伯格讲完故事后，他请受试者依照两种不同角度来回答问题：如果你是当事人的话，你会怎么做，并给出这么做的原因。然后柯尔伯格按照道德发展三期六段的标准给受试者分类，进而评定受试者在道德发展上的程度。

在这样听（听故事）、问（了解问题）、答（讲出答案）、评（评断等级）的过程中，听故事本身就会产生感受。从这些与道德相关的问题中，还可逐步了解自己的道德观，进而了解自己的道德发展程度。

以"丈夫偷药救妻"为例，如果是我的话，我可能为了救太太，宁愿冒着被抓的危险去偷药，尽管会受到法律的制裁，但出狱后就可以见到太太，因为心爱的人是唯一的，进了监狱后好好表现，还能获得假释出狱的机会。

当然，一道题还不足以提高一个人对道德的有感度，也不足以清楚了解自身的道德观及道德发展的程度。我们可以多找一些两难性质的故事，来提升自己及孩子对道德的有感度。

道德两难题，换你来练习

除了"丈夫偷药救妻"，柯尔伯格还有其他的故事，也值得大家来练习。请大家按照下面的步骤逐一练习：

练习一《警官的矛盾》

第一步：听（听故事）

在"丈夫偷药救妻"的故事中，警官杨先生与陈先生住得很近，在当天深夜值班后回家时，在路上刚好看见陈先生在药房前鬼鬼祟祟的，杨先生感到很好奇，于是躲在暗处观察陈先生的一举一动，接着他看到陈先生蒙着脸敲坏了门口的监视器，撬开铁门进入药房。他心想，平常看似善良的陈先生，怎么会做这种违法的事呢？是不是和他太太的病情有关？虽然杨先生已经过了当班的时间，但是维护百姓身家安全，是警察的天职，他真不知该如何是好。就在他还在作思想斗争时，陈先生已经拿着一包东西急急忙忙地离开了！面对这两难的情况，杨警官陷入沉思当中……

第二步：问（了解问题）

如果你是杨警官，你会怎么做呢？是要履行身为警务人员应有的职责？还是同情贫病交迫的杨先生呢？

第三步：答（讲出答案）依据"正""反"及"合"三个顺序。

比如，如果我是杨警官，我会先通知正在警局当班的同事，请他前来了解案情（正）。虽然这样做以后再遇到陈先生，彼此都会很尴尬（反），而且还可能害了陈先生的太太。但是我会竭尽所能劝他自首，以减轻量刑。并请同事们帮忙凑钱，或者请相关社会单位帮助陈先生买药（合）。

第四步：评（评断等级）

依照自己的答案，根据道德发展的顺序，来了解自己目前所处的阶段。比如，我倾向于依据自己的职责来报案，一来是善尽自己的责任，二来也是身为公民应尽的责任，依照道德发展三期六段的标准看，在这一题当中，我是处在"道德自律期（有感道德成熟期）"中的"法制观念取向"，因为身为法务人员，更不能知法犯法。如果法务人员都要知法犯法的话，那又如何取信于社会大众呢?

以上四个步骤，家长和孩子可以一起做，也可以分开做。做完之后，还可以互相讨论并分享。这些问题，没有所谓的标准答案。而且随着故事情境的不同，在道德发展的位阶可能也会不同，因而并没有所谓的高低优劣之分。

练习二《童子军的困境》

第一步：听（听故事）

十四岁的阿乔是学校童子军的队长，他是因为很喜欢童子军的活动内容才参加童子军的。其中，一年一度的露营大会是他最期待的活动之一。为了这场露营大会，他把平时父母给他的零用钱省吃俭用，就是希望能够报名参加最有纪念意义的露营大会。随着日子的一天天临近，露营大会终于开始报名了，为了避免名额被占满，他决定一大早就去排队。可就在报名的前一天晚上，爸爸突然向他借钱，因为爸爸想和朋友打麻将，向太太要钱又怕挨骂，所以只好向儿子借钱。阿乔感到非常犹豫……

第二步：问（了解问题）

如果你是阿乔，你会怎么做呢？是要当个孝顺的好孩子？还是委婉地跟爸爸说自己的钱也不够用？

第三步：答（讲出答案）依据"正""反"及"合"三个顺序。

1.正（你的观点）：

2.反（观点的另一面）：

3.合（你的结论）：

第四步：评（评断等级）

接着，就依照自己的答案，依照道德发展的顺序，来了解自己目前处在哪个阶段。并在前面的框内打钩。

一、道德成规前期（有感道德萌芽期）

□（一）避罚服从取向。□（二）相对功利取向。

二、道德循规期（有感道德成长期）

□（三）寻求认可取向。□（四）顺从权威取向。

三、道德自律期（有感道德成熟期）

□（五）法制观念取向。□（六）价值观念取向。

以上练习，既能让练习者逐渐增强对道德的有感度，又有助于他们了解自己目前道德发展的程度。这种练习还可套用在日常生活中所发生的与道德相关的事件上，甚至可以作为"吾日三省吾身"的工具！

五、有感的道德，才能成为真美德

除了运用柯尔伯格有关道德的两难故事，依次进行听（听故事）、问（了解问题）、答（讲出答案）、评（评断等级）外，还有一些其他工具，也很适合亲子或师生一起提高道德有感度。

座右铭

座右铭，是指记在座位旁警惕自己的格言。其实"右"只是一种象征性的意义，就像我们常用右手做事，再加上古人以右为尊，所以称之为座右铭。其实，只要是自己能接受且方便的位置，都可以运用座右铭的方式来提醒和激励自己。就如同有些教室，会在座位两旁贴上一些鼓励孩子努力学习的标语。

科学教育和快乐教育的首倡人史宾塞（Herbert Spencer，1820—1903）认为，对孩子道德观的培养和对孩子心智的启发同等重要。因此在树立正确的道德观方面，当父母的除了要教导之外，还要提醒并激励孩子在生活中实现自己的道德观，这样才能达到"知行合一"的效果。

一次，史宾塞的孩子对史宾塞说："我也很希望自己能成为您口中所谓的有教养且受大家爱戴的人，但我不知从何做起？"于是史宾塞就在孩子的房间贴了一些类似于座右铭的东西，上面写着类似"孝顺为齐家之本""助人为快乐之本"及"礼节为治事之本"等相关内容。

这种座右铭，除了贴标语之外，还可以用其他的方法。比如，我有一个教《公民》的同事，她除了比一般家长了解《公民》这一科的内容外，还用类似座右铭的方式来提高孩子的品格。例如她担心孩子花钱大手大脚，就找了一些勉励人勤俭节约的名言佳句，从中挑选一些孩子看得懂也听得懂的句子，然后和孩子一起将这些句子，用彩色笔写下来。有时他们还会发挥创意，在上面画个插画或图案之类的，使制作的座右铭看起来更加生动有趣！

由于这些座右铭是亲子一起创作的，孩子自然就会比较珍惜。一段时间后，还可以一起合作创作新的标语，像她的孩子就会写"叫我省钱第一名"或"我是省钱达人"之类很新潮、很有趣的句子，这样的座右铭更有趣也更容易记忆。

在这种亲子合作或孩子独立创作的过程中，这些原本在纸上或者在大人话语中的美德有了新的生命力，孩子也在耳濡目染中，逐渐与自己的生活产生了联结，这些传统的美德变成了有感的美德。在这种有感的环境中，孩子在潜移默化下，渐渐体会到美德的重要性，从而进一步强化了孩子提升道德的动机和决心！

讲故事

相信好多人在小时候睡觉前，都会听爸爸或妈妈讲故事，这是一种非常温馨且能维系情感的活动。睡前讲故事最好能形成习惯，变成家中的一种例行活动，孩子小的时候，父母说给孩子听；等父母亲老了，换孩子讲给他们听，如此传承下去，"讲故事"不只是一种例行性的活动，更可以成为家庭中具有传承性质的仪式。

教育家史宾塞认为，在家庭教育中，要举行一些有利于增进亲情、有利于凝聚家族向心力的仪式，这样便能让家成为孩子一生最稳定、最可靠的港湾。他强调，孩子在家的时光是非常珍贵和神圣的，因此他常常会花心思去设计可与孩子一起活动的仪式，讲故事便是其中的仪式之一。

史宾塞在孩子睡觉前，经常会以讲故事的方式和孩子分享有关家的历史，分享长辈们的贡献或特殊事迹。这些关于家人的故事就像一本故事书，成为孩子独一无二的"床头书"。在孩子很小的时候，史宾塞就开始和他分享家中生活的点点滴滴，孩子也在这样的过程中，对家族、对家人有了更深的了解，对家庭有了更浓厚的情感。

我们可以借鉴史宾塞讲故事的方式，来提升孩子对道德的有感度。我认识一位家长，他在孩子很小的时候，就开始给他讲睡前故事，虽然刚开始的时候，小孩子或许不知道爸爸在说些什么，但是他可以从爸爸的嘴型，来学会说话；从爸爸专注的眼神中，体会到他的关心；从爸爸抚慰的动作中，感受到爸爸的温度。

这位爸爸有时会用现成的童话故事，有时则用自己突发奇想的故事。等到孩子已经会说话了，他就会用一些特别的方式，以便让孩子能吸收更多的故事内容。比如，讲到故事的某一个段落时可以请孩子猜接下来的故事情节，如果猜对了就鼓励孩子说："好棒！""你真的在很认真地听我讲故事！"之类的话；如果孩子猜错了，这位爸爸不但不会责备，反而会用另外一种方式来激励孩子，例如"哇！你编的剧情比原来的故事更精彩！""你好有想象力！"等。

这位爸爸在孩子很小的时候，就运用讲故事的方式，来建立家中亲子相处的仪式。而这个仪式，就像电脑里的杀毒软件，可以根据孩子在生活中所遇到的问题作适时更新，让这个杀毒软件能够发挥其应有的作用。在孩子成长的过程中，父母要扮演好孩子意识守门员的角色，将有可能对孩子造成负面影响的各类信息阻挡在外面，这样孩子才能拥有健全的心灵。

写电影

这里说的"写电影"，不是请孩子写出电影的情节，而是透过看电影来"写"出自己的想法和体会。我在作文课上，常会运用一些视听教材，作为引导写作的工具，让孩子们在视听教材的洗礼下写出自己的想法和感受。

一次，我为了让孩子们能够体会到生活的不易，理解那些生活在社会底层的孩子们的艰辛，我选择了《跑吧孩子！》这部电影给孩子看。在这部电影中，阿坤和小黑等人是一群喜爱踢球的农村孩子，为了争取能代表自己的队伍参加全国少儿足球赛，他们决定和另一支队伍共享资源练球，无奈双方在球艺和战略上各持己见，最后不得不分道扬镳。

一次，倒霉的阿坤把妹妹的鞋子弄丢了，为了不让爸爸妈妈担心，妹妹决定不告诉父母，但是哥哥要尽快解决这个问题。阿坤因此面临了两个棘手的问题，一是为自己找到一双球鞋，二是为妹妹找回她的鞋……于是，兄妹俩只好暂时轮换着穿仅存的破鞋子去上学。有一次因为哥哥来不及将鞋子给妹妹穿，所以哥哥就只好请妹妹穿拖鞋去上学，但为了让穿拖鞋看起来像是迫不得已的，所以就请妹妹在脚上贴纱布，让老师觉得她是因为脚受伤才穿拖鞋的！

当妹妹在上体育课时，老师问她说为什么穿拖鞋，妹妹很心虚地回答说，是因为脚受伤了，老师觉得这样的说法很合理，也就没再多问。谁知妹妹上课上到一半时，纱布竟然掉在了地上，而且还恰好被老师踩到，老师拿起来一看，才发现妹妹的伤口是假的！老师非常生气，所以罚她做八十次蹲起，而且每蹲一次说一次"我不说谎！"妹妹只好流着眼泪边哭边讲……

当孩子看到这里时，我就请孩子们把自己当作电影中的妹妹，去思考下列问题："我如果直接穿拖鞋去上课的话，可能一进学校就会被处罚、被同学嘲笑，但这样哥哥就可以穿到鞋子。"或者"如果我骗老师说，我是因为脚受伤才穿拖鞋的，这样我就可以光明正大地穿拖鞋，但这样的说谎行为，可能会被老师发现！甚至受到体罚"等问题，来引导孩子们做进一步的讨论。

在讨论的过程中，孩子们非常踊跃，他们很认真地思考着这件事。这样的讨论，让孩子们对于是非对错的道德议题也跟着有感起来！

当孩子们进行完类似柯尔伯格道德两难问题的讨论，开始对相关道德议题有感觉时，接下来就要继续深化这种感觉。而写作本身就是一种帮自己厘清事实、整合思想、深化感受的工具，所以接下来就要鼓励孩子写出对这件事的看法及感受。

通过写电影来讨论与道德相关的议题，可以说是一个一举多得的好办法。既能深化孩子们对道德的意识、提升他们对道德的有感度，又能让孩子们学到写作技巧、充实他们的写作数据库。

"有感的道德，才能成为真美德"。提升孩子对道德的有感度，个人、家庭、学校和社会都有责任。只有全社会都行动起来，人间才能充满真善美。

★惜德小故事：

我在上大学一年级时，一件事让我对班上一位表现普通、毫不起眼的同学刮目相看。当时我们班有位风格独特、成绩优异的女同学，有些同学对她那种独来独往、自以为是的态度非常不满，于是就在学校的BBS上批评、嘲笑甚至攻击她。这位同学看不惯班上同学对这位女同学的攻击，所以在一次开班会时，她突然起身走到前台，激动地对全班同学说："有什么事，大家都可以在班会中讲清楚，不要在BBS上搞内讧。"此话一出，全班鸦雀无声，显然大家是被这位同学的正义之举感动了。之后，我们班再没发生过同学之间互相攻击的事。我的这位同学就是个真正懂得惜德的人，既珍惜那位女同学的声誉，也珍惜那些攻击者的声誉，更珍惜全班和全校的声誉。由此可见，良好的品格能为大家创造良好的生活环境。

★惜德小语：

"若要人不知，除非己莫为。"不希望让别人知道自己的不良行为，那么做事前就要三思，看自己的行为是否符合道德要求。现在的网络非常发达，有些人以为用匿名的方式，来攻击别人就可以瞒天过海。其实魔高一尺、道高一丈，但凡走过必会留下痕迹，做事前一定要三思啊！

第五章　金钱无感——对钱无感的小孩真可怕！

孩子对金钱"无感"，除了会出现"吃米不知米价"或"何不食肉糜"的问题外。还可能会发展到为了一时的快感和享乐，而不惜为钱走上不归路。因此，当孩子开始对钱无感的时候，当家长的一定要未雨绸缪，以免酿成大错！

一、别让孩子成为不知人间疾苦的小皇帝

　　我的大外甥正在读高中，姐姐为了增加他对家庭的参与度、提高他对家庭的向心力，姐姐规定，外甥每洗一次碗，就给他50元。这与那些在加油站日晒雨淋的工人或站在马路边招揽客人的服务员相比，这钱赚得实在太轻松了。但当姐姐请孩子洗碗时，外甥的回答常常是："我不缺钱！"

　　"我不缺钱！"这句话听起来很有骨气，好像很合父母的心意。但是，未经世事的外甥哪里知道，他的爸爸由于单位内部的人事斗争，已经由原来的经理降为副经理，哪一天被辞退都不一定呢。他的妈妈为了照顾他们兄弟几个，早就辞掉了高薪的工作，现在孩子是长大了，但想要再度就业又谈何容易。

　　在短时间内，外甥的确不缺钱，可是他的父母一旦有个风吹草动，他可能不只要洗家里的碗，还得去外面给别人洗碗。那时大概不会有人

像他妈妈一样，好言好语地问他50元赚不赚。别人愿意给你就业机会，你感激都来不及，哪还敢挑三拣四呢？

孩子的笔袋，显示其对金钱的有感度

我对孩子们的笔袋经常感到匪夷所思，有的学生笔袋鼓鼓的，好像对学习很认真，各式各样的文具都带齐了！但打开一看，光是蓝笔就有好多种，有笔芯粗细不同的，有浅蓝、深蓝等颜色不同的，更不用说画重点时，有红笔（有签字笔或粉红色的笔）及各种颜色的荧光笔。有的学生为了能够让自己的笔"物尽其用"，一篇作文写下来，那版面真是五颜六色。问题是，在正式的考试中，只能用黑色或蓝色的笔答题，这么精心配色的作文加不了分，更不会受到阅卷老师的青睐！

我曾在班上做过调查，几乎所有学生笔袋中的笔都超过五支，最多的能超过二十支。一支笔便宜的也有十块以上，再加上那些有漂亮卡通图案，或者有特别功能的笔，比如写出来是看不到的，得用灯去照才看得到的笔，还有可以占卜的笔。这些看起来很炫又很酷的笔，已经完全超出其实用的价值，而变成玩具。这对孩子来说，会不会也是一种奢侈品呢？

于是我在班上发起"替笔袋（铅笔盒）减肥运动"，欢迎学生们主动参与，但不强求。从报名的第一天开始，我就请他们将笔袋里的东西用清单的方式记录下来，接着对于相同功能的笔只留一支。比如，蓝笔只要一支就好，其他相近颜色的，则放在由家长保管的笔袋内，等到笔袋中的笔没水了或坏了再向父母拿或买新的笔。

之后，把增加和减少的笔一一记录下来。增加时要注明原因，例如笔没水了或坏了，则可以向父母拿或买新的笔。减少时，也要把情况及原因记录下来。从长期的记录中可以发现，哪种笔很耗油、哪种品牌的笔容易坏、哪种品牌的笔性价比高，那么下次再买时就可以选性价比高的笔，这样就可以减少开支。

一个月下来，那些参与"替笔袋减肥运动"的学生们，他们的笔袋（铅笔盒）果然"窈窕"了许多。他们在选购文具用品时也变得像个购物达人，对各种各样的可爱文具用品，也不再是毫无招架之力。

事后有些家长还专门打电话向我表达谢意，因为通过这样的活动，孩子终于不再为那些看起来很漂亮的文具用品和家长哭闹不休了！这也是我的意外收获，原本只想帮孩子们的笔袋减肥，却意外地增进了孩子与父母间的亲子关系。对我来讲，不只是美事一桩，更是功德一件喔！

孩子们的饮料，花钱如流水

再来看孩子们所喝的饮料。明明学校或课外辅导机构都提供开水，为什么学生还要去买饮料呢？我曾教过的一个班，每天下午四点到六点上课，在下午五点左右，我会让学生休息一下，但只要一下课，几乎全班学生都会向便利店冲去，教室一下子变得空空如也，而我则赶紧往饮水机的方向冲过去喝水，和那些胜利归来、战果辉煌的学生相比，我这个当老师的好寒酸！

我很纳闷，学生为什么宁愿到便利店买那些掺杂各种化学原料与色素的饮料，或跑更远的路、花更多的钱去买手作茶店的饮料，也不愿意喝自然又健康的开水呢？前阵子的毒奶粉事件，让消费者闻奶色变，虽然这件事已经告一段落，但大部分民众仍然对此心存疑虑，即便如此，孩子们还是前仆后继地去买这些让大人们不放心的饮料。

我带着疑问问那些满载而归的学生们，他们大部分都说"好喝"。这样的理由，其实我也能理解，只是为了满足自己的口味，而去买可能对健康无益甚至有害的饮料，这真的是一笔划算的买卖吗？

还有，教学楼的地下一层明明有大卖场，而且东西还比便利店的便宜，可他们为什么偏要跑到外面的便利店去买呢？我再一次问那些爱去便利店的学生们，他们说："还要跟一堆人排队好麻烦""又不能收集点数换公仔"等。听完这些理由，我开始思考如何让孩子们明白，其实消费者可以有更好的选择。

于是，我决定带学生们写一篇名为"我的金钱观"的作文，希望通过这个活动，让学生们对自己的金钱感受和观念有一定的了解，并借此提高他们对金钱的"有感度"。首先，我用一些心理测验的方式，让学生们了解自己的金钱观。其次，我为了不让孩子们有隔靴搔痒的感觉，不让这个活动停留在纸上谈兵，我决定安排一场田野调查。

还不到五点，就已经有学生迫不及待地想下课了，于是我也"成人之美"，让他们当个称职的购物狂。等他们带着大包小包的饮料点心回来后，我对学生们说，接下来我们要去下面的大卖场上课！学生们自然是一阵欢声雷动，因为只要不用乖乖地待在教室，就是最开心的课。于是，我们整好队伍出发了。

我刻意带他们去逛卖场的饮料区和点心区，要学生们比较架子上的标价和便利店的相比哪个更便宜。学生说："我买贵了！""便利店是黑店"等。这就是我想给孩子们的"礼物"！虽然这样的礼物，孩子们不一定乐于接受，但是我从他们生气的话语和后悔的表情来看，至少他们开始对多付的钱有感觉了！

当孩子有感受时，绝对是进行教育的好机会。于是我让孩子们在写作文时，以自己购买饮料和点心为例，从中检视自己的购买习惯和金钱观。学生们写道："我现在才知道，同样的一瓶饮料，在不同的地方买，价格竟然会不一样！""没想到同样的钱，买同样牌子的饮料，买到的数量竟然可能不一样！""我终于知道，为什么便利店有点数换公仔的活动。因为这样可以骗我们这些小孩子买他们高价的东西。可恶！"等。

看着这一篇篇充满悔恨的文章，我百感交集。作为老师的我，当然希望他们能开开心心地写作文，也希望他们通过写作接触并体会到世界的美好。可问题是，这世界除了美好，也有不好甚至丑陋的一面。

谁让孩子有了这些负面的感受？最该负责的还是我们这些大人。我们在责怪孩子"何不食肉糜"之余，是不是也该回过头来想想，我们是否为孩子营造了一个让他对金钱有感的环境呢？当孩子出生时，他对外界是有感觉的，看看婴儿那到处张望的眼神，就知道他们是有感的，而且是很敏锐的。可是，为什么有那么多的孩子对金钱无感，为什么有那么多的孩子对金钱越来越麻木、越来越觉得理所当然。该检讨的，其实还是我们这些大人啊！

孩子欲望过了头，冲破人性及法律的底线

笔袋、饮料，让我们看到孩子们对金钱的无感。但还有一种更令家长头疼的东西，那就是游戏电玩的"点数"。"点数"虽小，引起的麻烦可不小！

让孩子看着电脑却不能玩游戏，就好比给孩子一辆跑车却规定时速不得超过八十公里。这对孩子来说，是一种折磨。孩子玩游戏就如同开跑车，这辆车开得不过瘾，还要换引擎更强的跑车。瘾，是成为习惯但不易戒除的嗜好或癖好。很多行为刚开始，还带着那么一点知觉及感受，可当其成为习惯后，就开始渐渐地失去知觉和感受。而当行为成为习惯后，仍然没有节制地继续发展下去时，便成了嗜好或癖好。

电玩，刚开始商家总是让孩子免费试玩，孩子也觉得新鲜好玩。好玩又促使他们继续玩，玩逐渐成了一种习惯。一旦习惯养成，一天不玩就如蚂蚁钻心，手痒心更痒。商家非常清楚孩子的心理，天底下没有免费的午餐，想玩就得付钱。父母刚开始也愿意花点小钱，但随着游戏的难度越来越高、级别越来越高，可孩子还想玩更高阶的游戏时，亲子之间就会为了这些"点数"而争吵甚至起冲突。

在Youtube上，曾经有一则点击量突破十万的短片，大致内容是：有个小学低年级的小孩，因为跟妈妈要钱买点数，但妈妈不给。于是便号啕大哭，说自己怎么那么不幸。这位妈妈看到孩子这种夸张的行为，便拍了下来，上传到Youtube上面，小孩的真情演出，果然得到了超高的点击率，网友们还替他取了一个绰号，叫做"不幸弟"。

虽然这部短片让人觉得哭笑不得，却很真实地反映出在宅风的趋势下，现代孩子的休闲娱乐活动也被"宅"化了！只要有电脑电玩就够了！他们不在乎爸妈有没有陪他谈心、有没有带他们出去玩，只在乎有没有足够的时间玩电脑、玩电玩；他们不在乎学业或品格有没有进步，只在乎在电子游戏中有没有升级。

一次，我让学生写一篇有关自己的文章，对于自己的特长，有些学生给出的答案竟然是打电玩。或许，他们真的很会打电玩，但这样的答案还是让大人们唏嘘不已……当孩子的成就感或幸福感，不是来自于家庭、不是来自于学校，而是来自于电脑时，孩子的世界、孩子的未来，可能也只能止步于此！

更夸张的是，还有下面这样一则新闻：

一个愤怒的沙特4岁男童，因为父亲不给他买PS3游戏机，而朝父亲近距离开枪，造成父亲当场死亡。据当地媒体报道，男童之前曾要求父亲给他买PS3，当发现父亲并没有给他买游戏机时，他觉得很失望，便趁父亲更衣时，拿起手枪朝他头部射击。警方目前正在侦办当中，调查男童是否因为沉迷暴力游戏而导致开枪射杀父亲，如果罪证属实，这名男童将成为沙特国内最年轻的杀人犯。

为什么"不幸弟"要不到钱、买不到点数，就会号啕大哭；为什么沙特的4岁男童会因为得不到PS3游戏机而开枪杀人。因为对他们来说，没有点数，就不能玩电玩；没有电玩，就无法在电玩世界中体验打打杀杀的刺激快感、击败敌人的成就感和那种难以言喻的幸福感。点数，是他们获得这一切的重要来源！没有点数，就等于没有办法获得这些"珍贵"的感受，那么他们的生活就仿佛像天要塌下来了一般。

"不幸弟"还只是通过大哭来表达自己的不满，但并不是所有孩子都只用这一种方式来获得点数。有的会跟父母要钱，在要钱的过程中，家长和孩子就像在拔河一样，多少矛盾、挣扎和痛苦包含其中。有的孩子不愿跟父母拉扯，就干脆自己想办法。例如向要好的同学或朋友借钱，但因为还不了钱，因而也就很难再借到钱，于是他们就用各种威逼利诱的方式威胁弱小的同学，甚至还可能会参加校园中的帮派。因为在他们看来，这么做一来可以得到金钱上的援助，二来又能有更大的势力去做威逼利诱的事。于是在这样的情况下，又出现了校园帮派的问题。而校园的帮派，又是导致校园欺凌的重要原因。有的孩子还直接用偷、骗甚至是抢的方式，来获得金钱。这样的情况，恐怕连大人都始料不及。

这样的孩子，他们对自己要用到的钱是很有感的，但对别人的钱是无感的。林清岳弑亲案，是台湾地区一件震惊社会的逆伦弑亲案。案发前林清岳因为向父母借钱而遭到拒绝，再加上不满父母在他的朋友面前责骂他，于是向"朋友们"提议，一起杀死父母，从而获取他们的财产。这些孩子不只对别人的钱有"感"，而且还很"敢"！只是这个"敢"字的背后充满了无知和愚昧！

二、塑造孩子的金钱观要从大人自身做起

　　"孩子，是家长的另一面镜子。"从孩子的身上，除了可以看到和自己类似的五官及身材外，还可以在他们的举手投足间，看到和自己类似的个性和思想等。所以，要了解孩子的金钱观，倒不如先了解自己的金钱观。在这样的过程中，就能体会到父母的影响力，看到这些影响在孩子身上所留下的深深痕迹……

解析家长的金钱观

　　在进行解析之前，先请各位家长做个心理测验，通过测验来了解自己对金钱的观念及使用方式。这有助于了解自己的花钱动机和自己的管教风格。

　　在做心理测验时，不必想太多，要用瞬间的直觉来选答案。题目如下：假设你现在正在大卖场买东西，身边的小孩一直吵着要买玩具，心

里不耐烦的你，会选择买什么？

A.买益智书籍；B.买高级文具组合；C.买各种卡通图画本；D.买绒毛玩具。

解析：

A.买益智书籍

选择这个选项的家长很有智慧！因为书既可以重复使用，又能让孩子知道你很重视他的阅读能力及文化思想的培养，而且用哭闹的方式是不会得逞的。因此，重视孩子学习的你，会坚持该花就花的原则，除非孩子学习不佳或孩子有感兴趣的其他课程，你才会花相关的教育费用。

在培养孩子对金钱的有感度方面，你可以通过让孩子阅读与金钱有关的书籍，来培养孩子正确的金钱观。除了阅读等静态的活动之外，还可以搭配一些动态的理财活动，如与孩子一起玩类似大富翁的游戏，参加各种储蓄或理财讲座等。如果能让孩子有机会亲身体验理财的活动，将更有利于让孩子受到启发。

B.买高级文具组合

选择这个选项的家长要注意了！家里也许已经有了相同的文具用品，但为了安抚或讨好孩子，你又不惜再买功能类似的文具用品。例如小孩明明已经有原子笔，却还要帮他买不同品牌或者类型的原子笔。诚恳地建议你，纵使你真的很富有，也要改掉赚一百花九十九的习惯。

在培养孩子对金钱的有感度上，诚恳地建议你，一定要以身作则。否则孩子在你的影响下，很可能也会有与你相同的问题。一定要让自己先建立起聪明、理性的消费思维，东西宁愿晚用也绝不多买。买贵重物品时，一定要货比三家。等自己建立起正确且理性的消费思维后，再带孩子去上街购物。这样，孩子在耳濡目染之下，就会建立起正确的金钱观。

C.买各种卡通图画本

选择这个选项的家长，基本上可以说买东西是讲究经济实惠的。因为小朋友一看到可爱的卡通人物，常会高兴得合不拢嘴。你是个很能同理孩子内心世界的人，在对孩子的教育预算上，通常也会要求"一分钱一分货"，甚至希望能"一分钱N分货"。"天底下没有免费的午餐"，因此提醒你，可别因为贪小便宜而吃了大亏。

在培养孩子对金钱的有感度方面，孩子在你的影响下，也会注意讲究经济实惠，是对金钱有感度颇高的小孩。孩子的算计能力，甚至还可能青出于蓝而胜于蓝。因此，不必担心小孩子会乱花钱，倒是要仔细观察孩子是对谁的钱更有感。他可能会省自己的钱，却花别人的钱。也可能因为太想省钱，结果却贪了小便宜而吃了大亏！因此，家长要注意培养孩子该花就花、能省则省的金钱观，这样孩子才能成为真正聪明的消费者，而非一毛不拔的铁公鸡。

D.买绒毛玩具

选择这个选项的家长，基本上可以说是极富同情心的。毛茸茸的绒毛玩具，总会让人涌起一股暖暖的温馨感。其实，家长这样的选择多多少少会"折射"出内心的欲望，可能是因为在自己小的时候，家里买不起这么昂贵的玩具，或者没有机会玩这种玩具，因此会竭尽所能，满足孩子的愿望。因此提醒你，在给孩子花钱时，先要想清楚，是在满足自己的欲望还是在满足孩子的欲望？

在培养孩子对金钱的有感度方面，孩子在你这种充满感性的补偿心理下，也可能会用感性的态度来看待金钱。用感性的态度来看待金钱，并不是坏事，但是当感性超过了理性，就可能像洪水一样淹没了应有的理智。因此在培养孩子的金钱观时，家长不妨多用一些与金钱有关的小故事，引导孩子用理性的思维，来思考关于金钱的问题。在这样的过程中，孩子通过欣赏故事及分享心得，来发挥自己的感性。只有理性和感性的均衡发展，才能建构出健全的金钱观。

三、提高孩子金钱有感度，请三思而行

俗话说："知己知彼，百战不殆。"作为家长，通过前面的介绍，除了要了解自己外，也要了解孩子在自己的影响下，可能会有的思想及行为。在知己知彼的前提下，再去提高孩子对金钱的有感度，就会产生水到渠成的效果。

当家长能够知己知彼时，亲子之间就能建立起良好的沟通渠道，自然会产生良好的互动效果。接下来，再引导孩子学会使用金钱的方法，即"三思而行"。所谓的"三思而行"，是指考虑再三后再做事情。在面对和使用金钱时，可再三推敲考虑。在这推敲之间，逐渐培养出孩子对金钱的有感度。

步骤一：区别"需要"和"想要"

"需要"和"想要"虽然都有"要"，但要的动机不同。"需要"

有必需的含义。如"出门在外，最需要足够的金钱。"而"想要"则是自己打算或希望获得的。如"出门在外，我最想得到朋友的帮助。"出门在外一定需要足够的金钱，但当身在异乡时，与其等待朋友的帮助，倒不如先发挥主观能动性或向身边的人求助。

同样的道理，在花钱前，首先要区别"需要"和"想要"。以下十个题目，如果你认为是"需要"请打"○"，如果认为是"想要"请打"×"。

1.（　）小学三年级的孩子，拜托妈妈买部手机给她用。

2.（　）初中一年级的孩子，请爸爸买部iPhone给他用。

3.（　）小学四年级的孩子，央求妈妈买支自动铅笔给他用。

4.（　）读高中的孩子，希望有一台自己专用的笔记本电脑。

5.（　）读大学的孩子，期待自己有一辆跑车。

6.（　）小孩刚吃过午餐一小时，又想吃零食。

7.（　）小孩为了凑足点数换公仔，明明不饿，但又要买零食。

8.（　）孩子明明笔袋已经有蓝笔，却又买了笔芯粗细不同的蓝笔。

9.（　）孩子的文具缺了一把直尺，所以要买直尺给他。

10.（　）孩子口渴，因为没有带水，所以去便利店买饮料给他喝。

解析：

1.（×）小学三年级的孩子，根据他们的生活情况，不太需要用到手机。但现实中，已经有不少小学三年级的孩子有手机了，手机对他们来说，更多的时候是玩具，而非生活必需品。

2.（×）初中一年级的孩子，看到有大人使用iPhone或iPad等，也想有这样的东西。但在实际的生活当中，他们并不需要这些高科技产品，大人在给孩子物质上的奖励时，也要分清楚孩子是"想要"还是"需要"。

3.（○）小学四年级的孩子，就生理发展来说，可以使用功能较为复杂的文具。就心理来说，也需要体验不同文具所带来的感受。这时家长不妨让孩子将之前所买的铅笔用完，再让孩子用自动铅笔。

4.（×）高中一年级的孩子，在学业上，大部分还是用纸笔居多。这时家中可以准备一台电脑，全家共享即可，不需要专门为孩子准备笔记本电脑。

5.（×）大学生的生活也是很单纯的，不像商务人士，需要有交通工具的往返。所以不但不需要跑车，而且连普通汽车也不是必需的。

6.（×）小孩子刚吃完东西，胃里还有东西需要消化，不宜再进食。少吃零食除了有利于养成良好的饮食习惯和节省开支外，还能有效减少消化不良及肥胖等问题。

7.（×）孩子明明不饿，也不是嘴馋，而是为了收集点数，去换公仔或玩具。那等于除了买零食外，还加买了这些额外的东西。家长要教孩子认清赠品背后的商业玄机。

8.（×）有些孩子的笔袋里，相同功能的文具总是有很多。同样是蓝笔，有的深浅颜色不同、有的粗细不同。笔袋看起来圆鼓鼓的，但其中的大部分都不是必需的。家长和孩子有空时，不妨仔细检查一下，帮孩子的笔袋减减肥。

9.（○）从孩子的笔袋，家长可以引导孩子区分"需要"和"想要"的东西，这是很好的教育机会。因此，家长可以不定期地检查孩子的笔袋，借此了解孩子的学校生活。

10.（○）孩子没带水，当然要买饮料给孩子喝。不过，当孩子需要出外一段时间时，还是要提醒孩子自己带水壶。白开水，仍旧是最便宜也最自然的饮料。

在家长明白"需要"和"想要"的不同后，可以带孩子一起进行以上的练习。毕竟孩子年龄还小，还无法准确区分自己的需要和想要，尤其是想要的部分，孩子往往认为，"我想要的东西，就是我需要的，因为只有这样的东西，才能满足我的内心需求"。

手机、电脑这类高科技产品，对孩子特别是小孩子来说不仅不是必需的，而且还是有害的。一位法国儿童精神病学家表示，两岁儿童的大脑体积是刚出生时的三倍，此时的他们需要嗅、咬和做投掷动作，但3C电子产品无法提供味觉和嗅觉体验。美国心理学家南希琳达也表示，iPad无法提供复杂的交流，且大多数的游戏都是受被动注意的，所以婴儿的创造力、思考能力、想象力及探索真实世界的好奇心等，都会受到其负面的影响。

一次，我看见一个约两三岁的小孩竟然在玩他爸爸的智能手机。于是我和他爸爸说了小孩子玩手机的坏处。这位爸爸听过后说，他也不想让孩子玩这些，但是孩子看到大人在玩，小孩也想玩。这位爸爸在和我的聊天过程中，几次警告孩子"不要再玩了！"但拗不过孩子的苦苦哀求，又让孩子继续玩……就这样一直到我离开，孩子都没停止玩手机。

我真想告诉这位爸爸："别把电脑、网络或3C产品当作孩子的保姆。"这位爸爸自己在玩电脑，小孩看到爸爸玩电脑，而且还玩得不亦乐乎，能不手痒吗？这也难怪孩子抵挡不了智能手机的诱惑，爸爸拗不过孩子的要求。由此可见，孩子之所以分不清楚需要和想要的区别、之所以对金钱无感，家长真的要负绝大部分的责任啊！

大人真的有责任让孩子知道，有时想要的东西，未必就是自己真正需要的。此外，当孩子想要类似高科技的3C产品时，家长可以借此机会让他知道，这些奢侈品要等他自己长大了有赚钱能力时，才有资格享有。

> 台湾南投县有个十岁的男童竣凯，他的父亲出了车祸，妈妈在菜市场卖菜。他很想拥有一台自己的电脑，但由于生计压力妈妈也无能为力。于是，他每天早上四点钟就起床，跟妈妈到菜市场去卖菜，然后到七点多再去上学，一天只赚五十元的工钱。菜市场的叔叔阿姨们，看到他工作得这么努力，也常来捧场。随着卖菜的生意越来越好，他的努力终于有了回报，两年下来他存了一万多元，终于拥有了一台属于自己的电脑。在这样的奋斗过程中，他不仅赚到了电脑，更赚到了课本之外的人生经验。

以上的真实故事，为我们提供了一个成功的案例。成功之处就在于让孩子知道，"你需要的东西，大人会尽力提供；但是想要的东西，大人会根据家庭的经济情况来决定，而不是无条件地提供和答应。"如果亲子之间能达成这样的共识，就不会再为这些发生冲突了。

步骤二：区别"实用"和"时尚"

"实用"是指具有实际使用价值，而"时尚"是指正在流行，讨人喜爱的事物。在买东西时，除了要区分自己的想要和需要外，还要注意区分实用和时尚。

　　"实用"可以满足我们的真正"需要"，"时尚"则可以满足我们"想要"的感觉。接下来就请家长就下列十个题目作出判断，如果你认为是"实用"请打"○"，如果认为是"时尚"请打"×"。

　　1.（　）正在读初中的小孩，为了方便接送时与孩子联系，想给他买一部智能手机。

　　2.（　）为了让读小学的孩子养成阅读的习惯，买了很多课外书。

　　3.（　）正在读小学的小孩，很喜欢收集文具，所以买了各式各样的文具，作为奖励他的礼物。

　　4.（　）正在读初中的孩子，喜欢看推理或探险类的书籍，所以帮孩子办了一张家庭阅览证，一次可以借很多书。

　　5.（　）正在读高中的孩子，迷上了流行的武侠电玩，禁不起孩子的苦苦哀求，只好换了一台配置更高的电脑，买相关的外围设备，好让他能痛痛快快地玩。

　　6.（　）家里目前只打算购买一台台式电脑，并放在客厅，这样大人就可以看到他上网的情况。

　　7.（　）孩子不喜欢喝开水，喜欢喝外面的凉茶或最新上市的饮料，所以要准备更多的零用钱供他使用。

　　8.（　）孩子外出时，会提醒他带水壶或水杯，这样就不用再花钱买饮料。

　　9.（　）读高中的女儿，看到妈妈烫了一个平板烫，非常时髦，也想试试看。

　　10.（　）青春期的孩子，为了邀请同学们一起庆祝自己的生日，便请求妈妈在五星级的饭店办酒席。

解析：

1.（×）为了方便联系，用过时的非智能手机就够了。使用智能手机，更多的是想体验流行、品味时尚。

2.（○）这的确是培养孩子阅读习惯的一个好方法，除了购买课外读物之外，也可以去图书馆借书。

3.（×）购买文具用品，是为了方便孩子学习和读书。因此在选购文具用品时，重点在于功能实用，而非追求流行好玩。这些方面，亲子间最好能达成共识，以免影响亲子关系。

4.（○）帮孩子办一张家庭阅览证，一次可以借很多书。有不少家长善于利用图书馆，为孩子提供丰富的阅读资源。

5.（×）为了让孩子能够玩流行的武侠电玩，而买新电脑、买相关的外围设备。家长这样的行为，只会养大孩子的"胃口"。遇到这种情况，当家长的应该与孩子沟通，让孩子知道，学生的生活是以学习为主，而电玩只是供休闲娱乐，够玩就好。

6.（○）除家里人很多或有工作上的需要外，家里配置一台电脑即可，并且要放在客厅。这样既可以了解孩子的上网情况，又能给孩子提供及时的帮助。当然，家长一定要尊重孩子的隐私，只有孩子在受尊重的氛围下，才能学会尊重自己和尊重别人。

7.（×）孩子不喜欢喝开水，喜欢喝凉茶或饮料的现象非常普遍。光从口味上来说，凉茶和饮料的确比白开水好，但它们大部分都是由糖水、人工色素混合而成的，多喝对健康不利。家长不妨用新鲜的果汁来代替，这样既能满足孩子的口味又能保证健康。

8.（○）孩子外出时，总会提醒他带水壶或水杯。如果能让孩子养成主动带水壶或水杯的习惯就更好了。从一点一滴做起，慢慢培养孩子的自我管理能力，孩子就不会对金钱无感、对生活无感了。

9.（×）爱美，是女人的天性。对于青春期的女孩子来说，注重自己的外表非常正常。看到大人或者明星流行的发型，总想试试看，但过分注重外表、追求时尚，也会给生活带来负面影响。

10.（×）青春期的孩子，除了注重外表外，也很重视同伴间的关系。有时为了得到同伴的认同，可能会用盛大的场面，来帮自己在团体中获得一定的知名度。孩子有这样的想法时，当家长的一定要提醒孩子，用金钱摆出来的场面并不能换来长久的友谊，只有用真诚的态度，才能换来真诚的友谊。

家长在能区别"实用"和"时尚"的不同后，要引导孩子多加练习。在练习的过程中，除了带孩子做是非题外，还要让孩子去亲身体验。

时尚并没有错，但当孩子过分追求流行时尚、耍酷炫耀，而忽略东西本身的实用价值时，就会迷失在这样的价值观中，从而不断地用金钱堆砌出能满足自己的表象。在这样的盲目追求中，孩子很容易对金钱无感。

孩子在追求时尚潮流的过程中，是不够理性的。面对五花八门的营销方式、推陈出新的时尚潮流，他们还没有足够的理性来解读表象背后的玄机与陷阱。当家长的要帮孩子过滤不适合他的时尚与潮流，等孩子身心渐渐成熟后再逐渐放手，让孩子逐渐学会自我管理。在孩子自我管理的过程中，孩子不仅会对自己有感、对金钱有感，也会对外界信息的接收程度有感。

步骤三："真便宜"和"假便宜"

所谓的"便宜"既有客观的定义，又有主观的认定，会因每个人经济状况和标准的不同而不同。同样一支五十元的笔，有人会觉得一支笔怎么这么贵；而有的人却觉得很便宜。

商家为了让消费者觉得便宜，常会举行所谓的清仓大甩卖，但这只是吸引消费者的噱头。大人都不一定能分辨出是不是营销的噱头，更何况涉世不深的孩子呢？

在孩子常用物品的销售中，送玩具及奖品是一种最常见的营销方式。这往往让孩子分不清楚，到底买的是产品本身，还是那些点数或玩具？因此，要想让孩子对金钱有感，就得先让孩子明白这些商业背后的玄机、看清产品本身的实质价值。

接下来，请家长就常见的营销方式作出判断。认为"真便宜"请打"○"，认为"假便宜"请打"×"。等家长做完并了解错误所在后，再请孩子做一遍，并将相关内容向孩子说清楚。

1.（ ）孩子在早餐店看到调味乳所送的玩具，于是吵着要买，就只好买给他。

2.（ ）便利店的早餐，买面包搭配相关的饮料，最多不超过五十元。

3.（ ）午餐时，因为快餐店有活动，只要再加钱，就可以送一个玩具。

4.（ ）午餐时，选择吃没有送任何赠品的自助餐。

5.（ ）晚餐时，学校附近的盐酥鸡店，买超大鸡排就送免费红茶一杯。

6.（ ）晚餐时，回家吃过晚餐后，再去上补习班。

7.（ ）为了积累便利店的点数，宁愿花钱买零食或饮料，也不愿自备水杯。

8.（ ）在周末或假日和全家人一起去卖场，买自己想吃的零食或饮料。

9.（ ）为了收集偶像明星的相关物品，或者挺自己所喜欢的明星所代言的产品，宁愿多花点钱。

10.（ ）有时在逛街时，看到促销、拍卖或者买一赠一，认为机会难得，就毫不犹豫地买下来。

解析：

1.（×）很多早餐店卖的调味乳，都附赠玩具。很多时候，孩子其实要的是那个玩具，而非调味乳本身。消费者一定要记得，羊毛出在羊身上，产品的价格往往连同玩具的成本一同计算在内。

2.（○）随着生活节奏的加快，越来越多的家庭选择到外面吃早餐。便利店的早餐，只要一个面包，搭配相关促销的饮料，就可以很方便快速地选好早餐，价格还不高，应该说是一个不错的选择。

3.（×）现在，有很多孩子选择去快餐店用餐，但快餐店的东西以淀粉类和肉类的东西为主，很难做到营养均衡，而且油炸食品居多，多吃对健康不利。商家为了增加销量，往往会送孩子喜爱的玩具，孩子为了那些赠品，往往顾不得它们对身体好不好、价格贵不贵？因此家长要提醒孩子，别一味地看赠品，吃对健康有益的食品才是最重要的。

4.（○）选择吃不送任何赠品的自助餐。虽然没有赠品，但却吃得实惠。

5.（×）学校附近人流集中，各种促销方式也是五花八门。买个超大鸡排，免费送超大红茶一杯。这样的活动容易让孩子产生"赚了"的错觉。其实这并不健康，很多鸡排为了口感都加了很多调味料，很多红茶也是用红茶精泡出来的。买到了便宜，却失去了健康，真的是得不偿失。

6.（○）家长辛苦一点，做晚餐给孩子吃。虽然辛苦，但却让孩子吃得营养又健康。更重要的是，妈妈的爱心晚餐，是天底下最好的晚餐。

7.（×）学生们之所以爱去便利店，是因为便利店会弄些奖品、玩具或公仔，在积累到一定点数后可以换购。但羊毛出在羊身上，在得到赠品的同时，更支付了高昂的价格。

8.（○）相比去便利店买零食，孩子在周末或假日和全家人一起去大卖场，买自己喜欢的零食或饮料。这样做，一是价格便宜，二是在选购零食时，家长还可以引导孩子如何选购商品，例如要注意查看有效日期、成分及产地等。这样既能提高孩子对商品的认识，又能提高孩子对钱的有感度，还能促进亲子间的交流。

9.（×）有些孩子会收集偶像明星的相关物品，或者力挺偶像所代言的产品。当家长的，不妨以理解的心态来解读孩子这样的行为，因为每个人都有崇拜偶像的情结。这时，当家长的，可通过阅读让孩子认识不同领域的明星，一来可以分散他们的注意力，二来也可以让他们明白，崇拜明星并不需要大手大脚地花钱。

10.（×）"买一赠一""买多少送多少"是我们常见的营销方式。有时人们为了贪图便宜就会买下自己不需要或不大需要的商品。如买过多的食品，会因不能及时吃完成而过期甚至发霉；再如孩子的衣服，这类商品虽然暂时可能用不到，但以后确实能用到，只是到该用时却又经常忘记了，而到想起来时又过期或不再有用了。

在家长能区分"真便宜"及"假便宜"的不同之后，要带孩子去体会促销背后的真真假假。在厘清这些真假的过程中，培养他辨别是非的能力，提高他对金钱的有感度。

四、多让孩子体会该如何运用金钱

除了要进行"想要"及"需要""实用"及"时尚"和"真便宜"及"假便宜"这三个步骤外。还要搭配以下习惯，让这些步骤起到相得益彰的效果。

习惯一：亲子购物

购物，并不仅仅是单纯的消费行为，它可以在不同的活动方式中，增添这项活动的教育性、趣味性和情感性，让购物延伸出更多元的功能。

孩子在小学四年级之前，一般都喜欢和父母逛街。从小学五六年级开始，则开始喜欢和同学或朋友逛街。这是因为从小学五六年级开始，孩子的情感重心，逐渐从父母转移到同伴。这时家庭和学校，就像孩子心中的卫星城，孩子成为自己心灵世界中最重要的人！当家长发现孩子有这样的情况时，别以为孩子不再爱你了，孩子对你的爱依然存在，只是表达方式和付出比例与之前不一样罢了！

就教育性来说，在孩子小学三年级以前，家长要多带孩子去菜市场或超市，以满足孩子敏感性的需要。在购物活动中，还要注意增添教育性、趣味性和情感性。

玛丽亚·蒙特梭利的"敏感期教育"

项目	年龄	特征	家长可做的事
语言	2个月到8岁	1.看大人说话 2.发出呀呀声	多与孩子说话
感官	0岁到6岁（2岁半为高峰期）	对细微物体很有兴趣	1.准备多种的感官教具 2.随机引导孩子用五官感受周围的事物
秩序	2岁到4岁（3岁最明显）	1.对熟悉事物的消失有负面反应 2.对没有秩序的事物有负面反应	打造有秩序的环境
细节	0岁到4岁	注意毫不起眼的小物体	引导孩子多加观察
运动	0岁到4岁	1.喜欢爬、走及抓握东西 2.用手和身体做极为复杂的动作	打造可以让孩子尽情活动的空间
书写和阅读	3岁半到5岁	1.喜欢写和画 2.对计数或大小比较感兴趣	打造书香环境
工作	3岁到7岁	1.热情且投入的态度 2.像"工作狂"	支持孩子热情且投入的态度
生活规范、社会礼仪	2岁半到4岁	1.在乎别人对他的印象 2.注意自己的行动及行为	引导并陪伴孩子进行社交
文化敏感期	6岁到9岁	对事物充满好奇心	提供丰富的文化信息

菜市场和超市，有各式各样的商品，这些商品都是孩子看得见、摸得着、听得到、闻得着的，可以充分满足孩子在敏感期的需要。

在孩子小学三四年级前，多带他去大卖场或大商场，除了能让他们认识各式各样的商品、增长见识外，也能让孩子体会到现在社会流行什么？让孩子进一步了解目前的现实生活。

有些家庭经济条件好的家长只带孩子去大商场购物。虽然在大商场中，可以买到质量更高的商品、获得更优质的服务，但是在这样的背景下，孩子会以为他们所接触的世界就是全部的世界。这样的小孩，虽然家庭出身很好，但在见识上仍是井底之蛙。这些孩子在将来购物时，大商场中的商品可能会成为其购物的"唯一标准"。他们需要的物品，父母都帮他们准备好了！在这样的情境当中，他们怎么能体会到"人外有人，天外有天"的境界，怎么能理解"谁知盘中餐，粒粒皆辛苦"的百姓生活，因而也很容易对金钱无感。

既去大卖场也去大商场，可以让孩子体会到这两者的差别。在购物的过程中，引导孩子去思考"两边的价格有何不同？""两边的商品有何不同？""两边的消费者有何不同？"孩子在这样的比较中，就可以逐渐体会到，买同样的商品，从不同的商店、不同的商家购买所花的钱是不一样的。孩子的思考方式及价值观改变了，对金钱的有感度也就自然提高了。

习惯二：存钱或放储蓄罐

让孩子从小学会存钱，有利于培养他们勤俭节约的好习惯。如果有了存钱的习惯，不管是放进储蓄罐还是存在银行，都可以发挥存钱的效果。在孩子小的时候，可以先采用放储蓄罐的方式，等孩子的钱积累到一定的数额时，则可以存入银行。

关于储蓄罐，一位妈妈的做法，很值得大家参考。这位妈妈很喜欢购物，但凡公司的团购都少不了她的身影，因此她常常在上网比价后才去买东西。当她看到她想要或喜欢的东西，有时也会马上行动，可她后来发现，别的地方卖得更便宜！

她的女儿知道这件事后，就自愿当起她的"查价员"，看哪些地方售价更便宜。为了慰劳这位"查价员"，当孩子找到比妈妈更低的价格时，妈妈就会以差价的十分之一作为奖金，然后孩子就会将得到的奖金放进储蓄罐。等积攒到一千元时，她又会和妈妈查哪一家银行的利率最高，然后将钱存进去。

这样一来，孩子既有了积蓄，又能明白赚钱是件不容易的事。在比价的过程中，还能知道哪里的东西比较便宜、哪些促销手段是华而不实的。而当她要自己去花钱买东西时，自然也会谨守"货比三家"的原则。

除了这位妈妈的方法外，家长在采购日常用品前，还可以和孩子一起讨论"家里需要添购哪些东西？""这些东西由谁负责收集相关信息？"等。让孩子参与这样的活动，既能提高孩子对金钱的有感度、提高孩子对家庭的向心力，又能增进亲子关系。

习惯三：记账

所谓的记账，是指把金钱收支或买卖的物品价款登记于账册上。记账这种习惯，可以结合存钱一起进行。用笔或电脑，将每天的收支情况记录下来，可以帮助自己详细了解收入与支出的情况。如果有支出接近收入甚至大于收入，就要提醒自己，切莫成为月光族。

这样的工具不仅适用于大人，也可以鼓励孩子来使用。读者可以从下面的新闻中，体会孩子该如何存钱、记账和理财。

东门小学五年级学生徐子涵，她目前有存钱筒及储蓄卡。她的妈妈说："想把钱存好，养成记账的习惯是关键"。徐子涵从四年级起便开始有了储蓄、记账的习惯。

记账本记下每一笔的进账与花费，每一笔都写得清清楚楚。

一次，她被一本又新又炫的漫画所吸引，这本小小薄薄的书，竟然要一百元，这对她来说是很贵的，她挣扎了好久，最终还是买了这本书，但看完就后悔了，因为并不是特别好。从记账本每一笔费用的记录和存钱的习惯中，她渐渐体会到"想要"与"需要"的区别。

另外，东门小学的任维鸿同学，他有一个超酷的"数位存钱筒"，要透过插卡、密码输入才能存、取款。数位存钱筒不但可以将硬币与纸钞分别存入，还可以输入数字来计算进、出账目。

天母小学的蔡菀芸、侯竣晟、王子嘉、陈希芃等同学，都养成了存钱的习惯。侯竣晟有一只"高铁造型"存钱筒，造型如此酷炫的存钱筒更激发了他存钱的动力；蔡菀芸在妈妈的鼓励下，对存钱筒、记账本、存折等，已经有一套完整的做法了。

从上面的新闻可以知道，要提高孩子对金钱的有感度，储蓄和记账相结合的方式是非常有效的。报道中的徐子涵同学，除了存钱筒及存户外，在妈妈的指导及鼓励下，已经开始记账。想把钱存好，记账的习惯是关键。这样的习惯，不只可以理财，还可以有效激发孩子对金钱的有感度。

徐子涵同学从记账本的进出账中，渐渐体会到"想要"与"需要"的区别。其实这种储蓄和记账相结合的方式，不仅能区别出"想要"与"需要"，还能逐渐分辨出"时尚"与"实用""真便宜"与"假便宜"之间的区别。只要在购物前能"三"思而后行、能按照这三个步骤去做，就可以有效防止浪费、避开那些华而不实的促销手段。

总之，通过缜密的思考（思辨"想要"与"需要""时尚"与"实用"和"真便宜"与"假便宜"。）和良好的习惯（"亲子去购物""存钱"与"记账"），必能大大提高孩子对金钱的有感度。

★惜金小故事：

一位老师常在午餐后去别的班，看是否还有多余的饭菜，刚开始大家都很好奇。后来才知道原来他的班里有个学生的家境不太好，常去自助餐店买饭然后配菜汤吃。这位老师觉得这样吃久了，孩子会缺乏营养，于是除了自己本班营养午餐的剩菜剩饭，都替他打包带回家外，如果班上没有剩菜剩饭就亲自到各班去"化缘"。

大家了解情况后，有的主动将吃不完的打包让孩子带回去。有的同学则将自己家里一些不穿的衣服或用品捐出来。同学们在这样体谅及帮助的过程中，学会了用同理心来看待别人的生活，也学会了珍惜自己所拥有的一切！

★惜金小语：

作家亦舒说："富足是一种心理状态，最富有的是满足的人，富有与金钱并无太大的联系。"虽然本章是介绍如何提高孩子对金钱的有感度，但是让孩子对金钱有感，只是一种过渡性的目标。通过对金钱的有感，可以增加孩子对生活的富足感，而这种"富足"是"富有"加"满足"，是一种能兼顾物质生活和精神生活，并使之平衡的理想境界。

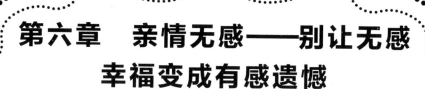

第六章 亲情无感——别让无感幸福变成有感遗憾

过重的学习负担将家长与孩子的相处时间蚕食得所剩无几，亲子之间的交流更是少之又少。孩子对亲情的感觉就像被不断稀释的咖啡，渐渐地淡然无味，甚至变味。

一、无感的亲情，亲人间的沉默（没）成本

现在的孩子，对亲情有多疏离，我想用一些生活中的案例与大家分享。在经济学上，有一种"沉默（没）成本"，就是平时没注意到，但却一直在一点一滴沉没的成本……

一次在快餐店用餐时，左右两个相邻餐桌分别坐着一对母子和一对父子。在我右手边的母子有说有笑，而在我左手边的父子则沉默不语。这两对亲子形成了鲜明的对比。左手边那对沉默的父子，爸爸低着头看报纸，儿子则低着头猛吃汉堡，用餐期间，既没有语言上的交流，也没有眼神的接触。右手边的母子，则有吃有喝有说有笑，洋溢着一股浓浓的亲子之情。

左手边的那对父子，不知是否看到了那对相处融洽的母子，也不知他们会作何感想。这对毫无互动的父子让我突然体会到，亲子之间长时间的"沉默"，他们可能并没注意到，但实际上却在一点一滴中侵蚀着

亲子沟通的质量，也就是前面所说的"沉默成本"。

很多家长都懂得要多花时间在孩子身上，但这只实现了"量"的要求，而未必达到"质"的标准。亲子双方如果像雕像般地相对而坐，既找不到交流的话题，也找不出沟通的方法，那又怎么能产生好的亲子交流效果？在这样的相处过程中，孩子当然会对亲情"无感"……

"有声"的亲子交流，是"无声胜有声"的基础。别让"沉默"成为亲子相处时的写照，更别让亲子间的情感在"沉默"中"沉没"！

无感的亲情，一个巴掌拍不响

人物描写是作文教学的范畴之一，为了找到能让孩子们感到得心应手的题材，我常常选择他们身边的人物，如爸爸、妈妈及老师等，来作为他们的写作题材。希望通过熟悉的人，让孩子们掌握人物描写的技巧。但这样的想法，似乎只是我的一厢情愿……

一次，在父亲节前夕，我想引导学生用人物描写的技巧，深入了解他们心目中的父亲。而人物描写的重点，大致有"背景（基本资料）""外貌""个性""喜好"等。为了让学生更多地了解他们的父亲、发掘出父亲的多张面孔，我让他们准备好题目，去采访他们的父亲。

这次采访的结果，有些令我感到欣喜，有些却让我感到很失望。欣喜的是，孩子们通过这项作业，除了更多地了解自己的父亲外，也开启了一种新的谈话模式。失望的是，有些爸爸不能对孩子认真准备的采访作出积极回应。他们不是直盯着电视看，就是随便敷衍个两三句，让孩子觉得很受伤……

在引导孩子了解他们父亲的过程中，我发现目前孩子与其父亲相处的时间及质量普遍令人担忧。有的孩子说，他的爸爸下班一回家就被沙发和电视给"绑架"了；有的孩子说，他的爸爸大部分的时间都在外地工作；还有的孩子说，他的爸爸离婚了……一堂小小的作文课，真实地反映出当前亲子关系的状况。

从上面的例子中可以看出，孩子之所以会对亲情无感，往往是"一个巴掌拍不响"的结果，往往是由于当事双方都有过失。从理解的角度来说，现代生活节奏快，爸爸们工作一天已经很累了，有时还得加班，确实没时间去检查孩子的功课、没时间聊孩子的校园生活，更没时间了解他们的心声。但难道把孩子送到托管班或补习班问题就解决了吗？把孩子送到托管班或补习班是请别人代为督促管教，表面上看是解决了问题，但实际上是请别人代为充当父母的角色。随着孩子在托管班或补习班的时间越来越长，父母亲的管教权和影响力变得越来越小；亲子间的相处时间，也被外面的补教机构蚕食得所剩无几；与孩子的情感交流更是少之又少……这样的孩子，对亲情的感觉就像被不断稀释的咖啡，渐渐地淡然无味，甚至变味。

孩子们的生活并不比他们的父母好多少。很多孩子除了正常的上学外，还要奔波于各种补习班和才艺班之间。周一到周五，从学校到补习班，每天迎接朝阳、送走晚霞。到了周末，好不容易可以喘口气，但如果到了月考或大考期间，小学的需要去托管班做大量的题，初中的则往往要留下来加强课程辅导。这样一星期下来，孩子们在家里的时其实很少。这时，家更像个旅馆，回到家的时间已经是该休息的时间，家人之间，像是房客一样，见了面，聊个两三句，接着彼此又要各忙各的……

这样的情形让我想起了自己。以前我一直拼命工作，终于在事业上取得了一点成绩。我原本认为父母看到我的成绩，一定会感到很欣慰。但我发现，我与父母之间始终有一条难以逾越的鸿沟。一次我和妈妈一起看电视，连续剧中的女主角当发现自己的丈夫有外遇时，气冲冲地问他："你把我当什么？"这时，妈妈笑着问我："那你把家当什么？"的确，长期在事业上奋斗的我，真的把家当"旅馆"用了。为了能让自己安静地休息，整天忙碌的我一回到家，便把房门关起来。父母有时想跟我聊聊，又怕影响我的休息，就这样日复一日、年复一年，我与父母的关系渐渐疏远……所以孩子对亲情的无感绝不是一下子形成的，而往往是经过长年累月逐渐形成的。

手足情，吵吵又闹闹

目前亲子关系普遍不大好，兄弟姐妹间的手足情也不怎么样。以前一个家庭有三个小孩很正常。现在有三个或三个以上小孩的家庭非常少，一个算基本，两个算正常，三个算稀奇。我特别留意那些"姐妹档""兄弟档""姐弟档"及"兄妹档"，发现相比来说，"兄妹档"在一起相处的情形最温馨，"姐妹档"其次，再次是"兄弟档"，最后是"姐弟档"。

"兄妹档"是哥哥和妹妹的组合。虽然哥哥和妹妹在一起时，也会吵吵闹闹，但在有些情况下哥哥还是会让着妹妹的。在我目前所教的班级中，有对兄妹很爱吵架，一点小事都能成为他们吵架的素材。虽然一天到晚吵个不停，但这个当哥哥的，对于妹妹应有的福利，还是会帮她争取的。

一次，我和班上的学生打赌，只要班上有四个学生，写作测验的成绩在五级分或五级分以上，我就请全班学生喝饮料。经过批阅，班上竟然还真有四个学生得到了五级分。到了请大家喝饮料的那一天，当哥哥的早早就来了，他的第一句话竟然是："老师，我妹妹今天请假，我帮她领饮料。"我笑着问他："你是要帮她'拿'饮料？还是帮她'喝'饮料呢？"哥哥很俏皮地说："当然是'拿'饮料啰！她再怎么蛮横无理，也是我妹妹啊！"

既然这个常对妹妹恶作剧的哥哥，这么有诚意地帮妹妹拿饮料，那我自然要好好鼓励一番。于是我在脸书上发了一则信息给他们的妈妈，表扬了他的这种行为。后来他妈妈跟我说，他们兄妹俩虽然平时吵吵闹闹，但哥哥其实是刀子嘴豆腐心，在妹妹需要保护时，还是会挺身而出的。我觉得，兄妹档之所以能愉快相处，是因为妹妹的存在，给身为男性的哥哥提供了充当英雄的舞台。而当妹妹的，在哥哥的爱护之下也乐得偶尔撒点娇，所以这种搭档总体来说还是比较和谐的。

与"兄妹档"相对的"姐弟档"，关系可就没那么好了。与"兄妹档"相同的是，男的爱当老大，女的想要被保护。但可惜的是，当排行不同时，当姐姐的得放下想要被异性尊重或保护的期待，还要去管束或照顾爱当老大的弟弟，自然就会引发不少冲突。

有一对姐弟档，我一直从他们小学教到初中，他们上课没有一次不吵架。弟弟上课时和旁边的同学说话声音大了，不光是姐姐，就连姐姐在班上要好的同学，都会让他安静。这个当弟弟的，只要在有姐姐的场合中，不是被管，就是被喊！

在课间休息时，姐弟俩从不会一起去买东西，姐姐和她要好的同学在一起，弟弟和他要好的同学在一起，姐弟俩就像两条没有交集的平行线。放学后，有时弟弟的作业还没有完成。姐姐就在旁边不耐烦地催促他快一点，然后弟弟就心不甘情不愿地草草写完。姐弟俩刚走出教室，就又开始争吵了。此外，这个当姐姐的还经常想办法让弟弟出糗。有时为了活跃课堂气氛，我会举办个有奖问答，弟弟答不出来就算了，姐姐还落井下石，害得弟弟说错答案，惹得全班同学哄堂大笑。

现今的人伦亲情，回不去了！

不管是"兄妹档""姐弟档"，还是"姐妹档""兄弟档"，三天一小吵、五天一大吵成了普遍现象。与现在手足之间的冷漠相比，古代那种"兄友弟恭"——兄弟间感情和睦、相互尊敬的关系简直就是天方夜谭。"孔融让梨"是大家熟知的一个历史故事，下面来介绍一则与这个故事有关的新闻：

在小学一年级的一次语文考试中，上海一名小学生在回答"如果你是孔融，你会怎么做？"的题目时称"我不会让梨"，被老师打了个大大的叉。孩子的父亲得知此事后，将考卷拍照并上传到微博，引发大量关注。

孩子的父亲在接受媒体访问时表示，小孩虽然才上一年级，但是很认真地回答了考卷上的问题。至于孩子为什么会写"我不会让梨！"他说，孩子认为只有4岁的孔融不会那样做。

不少网友认为道德教育不应该要求人人都做圣人，这个小孩至少说了真话，比起口是心非的"伪君子"来得更真实。大部分网友认为，这属于开放性考题，只要"言之有理"就应该算对，因此说出自己的心里话不能算错。也有人认为，小学教育本就包含伦理道德，考卷出现这样的题目无可厚非。

孩子的父亲认为，让孩子正确理解文章中的意识很重要，但是否需要用这种古代的典故来教育下一代则持保留态度。道德不是读一读、考一考、喊一喊就可以培养出来的。另外，老师在答案上判错，是一种象征权威与否定的行为。除了判对错，老师更应该让学生明白，自私自利是一种错误的行为，如果小的时候不能让"梨"，长大后便可能不能让"利"！

这个答"我不会让梨"的孩子，虽然只是这个班上的"特例"，但是答"会让梨"的学生，又有多少是说了真话？虽然在有限的资料中，我无法了解这位孩子的家庭情况，也很难推测他这么回答的动机，但这至少说明：现代的手足情，已面临诸多挑战。

"小时候不让'梨'，长大后便可能不让'利'！"手足情，除了能维系家庭成员间的情感外，更能培养一个人如何在团队中与人相处。孩子在小的时候如果失去学习这些的机会，那么就可能在将来的团队生活中出现问题。

现代社会，独生子女的隐忧

很多现代家庭只要一个小孩。虽然父母可以竭尽所能来教养孩子，孩子也的确可以受到家族上下的关爱，但在这光鲜亮丽的外表之下，这种独生子女"虽无近忧，却有远虑"。

在人的前半生，独生子女的确可以享尽整个大家庭的关爱，可到了中年时，除了要照顾原生家庭的父母外，还要去照顾自己的小家庭，等于一个人要承担两个家庭的包袱。而如果有"手足"的话，就能分担经济上的压力并获得情感上的支持。

"手足"原本是指手和脚，后来延伸成为同胞兄弟。手和脚，是人体不可或缺的器官。因此，兄弟姐妹对一个人来说，就如同手足一样重要。没有手足，身体很难移动。同样，一个人没有手足，他的成长也就缺少了某些重要的元素，缺少了情感上所需的滋润以及在为人处事上相互学习的机会。

我建议那些独生子女的家长再多生一个。虽然养个小孩不容易，但从长远来看，当父母不在人世时，至少孩子还有一个亲人。多一个亲人，就等于多一份支持、鼓励及协助的力量，这对孩子的生存及发展都有很大的帮助。

此外，独生子女长大进入校园后，也会出现一些"后遗症"。下面就与读者分享一些我的观察。

有些公主和王子，一进教室就去抢自己想坐的位置。甚至将他旁边的座位，也视作他的座位，将东西一股脑儿地放在座位上。最后，有的学生没位子坐，我这个当老师的还得亲自出马，帮忙调座位。

有些公主与王子，在他们写作文时，一遇到不会写的字或其他问题，就马上大呼小叫，希望老师能马上飞到他的身边。如果老师姗姗来迟，他们还会对老师抱怨。这种以自我为中心的情形，在独生子女身上可以说是屡见不鲜。他们要别人马上回应、尽快解决他们的困难，却从不设身处地替别人着想。

独生子，通常都有很强的自我意识。虽然知道自己的需要、有主见是好事，但在团体生活中，为了能使整个团队顺利运作，每个人都要学会"服从多数，尊重少数"。但是独生子往往把"尊重"与"服从"画上等号，认为只要听他的就对了！因为在家里父母对他就是百依百顺，其他长辈对他也是关怀备至。所以他认为，照他的心意去做，才是对他最大的尊重。

当遇到这样的情况时，首先，我要让他清楚地知道他在团体中的"定位"。如果是组长，那么他有资格来处理组中的事务，并请组员们配合；如果是组员，就必须执行及配合团队的决策。其次，我要让他清楚，在团体生活中，不管是组长还是组员"服从"和"尊重"都是必须的。在家中，与孩子关系最密切的莫过于他的父母了！而管教孩子的关键，就在于培养孩子对父母的尊重。

美国著名儿童心理学家詹姆斯·杜布森博士（Dr. James Dobson）认为："当孩子的一定要学会尊重父母，这不是为了满足父母的自尊心，而是因为孩子与父母的关系，会深深地影响他日后与他人的相处。孩子早年怎么看待父母的权威，将来就会怎么看待学校管理者、执法人员、上司、同事及其他与他共同生活的人。亲子关系，是孩童最早也最重要的社交互动机会。如果一个孩子在15岁之前，经常对抗父母、嘲弄父母的权威，那么，当孩子步入青春期时，他会对父母希望他接受的价值观和信仰嗤之以鼻。如果父母都不值得尊重，那么，道德、国家、价值观和信仰都不值得尊重。"

因此，孩子在家里与兄弟姐妹和父母的相处情况，将会在以后他与别人的相处中，呈现出清晰的投影。如果孩子对亲情是无感，甚至是冷漠的，那么就会如实地反映在生活的方方面面。而这正是本书要讨论

"生活无感""学习无感""道德无感""金钱无感"乃至于"亲情无感"的主要原因。

"宅化"是造成无感的"外围"因素，而"亲情无感"则是无感的"核心"。"亲情无感"就像一个粽子头，将其他的粽子如"生活无感""学习无感""道德无感"及"金钱无感"紧紧绑住。因此，不想让孩子成为"无感"宅小孩，首先就要从亲情入手，孩子如能对亲情有感，那就像卡住的活塞头被打开了一样，外界的刺激和能量，才能源源不断地注入孩子的生活，并滋润孩子的生命。

二、家长过于忙碌，疏于关心与管教亲情易无感

　　"亲情"在生活中的重要性是显而易见的。提高孩子对亲情的有感度，对改善孩子的生活具有非常重要的作用。而要提高孩子对亲情的有感度，首先要从家庭开始。

　　"家庭"是培育亲情的地方，孩子在家里所感受到的一切，都会影响孩子对亲情的有感度。那现在的孩子，对家庭的感受如何呢？根据儿童福利联盟的调查，以下是孩子对家庭的一些看法："家像是随时可能引爆的炸弹""家像大楼，大家都离得很远""每个人之间都有一层玻璃隔着""像变色龙，心情变来变去的""不像一个家、家只是让我睡觉的地方"……这样的看法，真的颠覆了我们对传统家庭的认识。

　　在这份报告中，有将近六成的孩子，认为自己的家庭是正向温暖的；有大约四成的孩子，无法感受到家庭的温暖、无法感受到家庭所带给他们的温度。这种感受不到温度的家庭又可分为三种："高压型家

庭""冷漠型家庭"及"忽冷忽热型家庭"。

高压家庭，水深火热

儿童福利联盟的这份调查报告显示，有近两成的孩子担心自己动辄得咎，仿佛处在接近沸点的闷烧锅中，苦不堪言。

这类孩子的家长，通常属于权威型，他们希望孩子能服从他们的管教，并努力达成他们的期待。在这里我想提醒这些家长的是，孩子的"服从"有时并不一定是"真服从"，正所谓"上有政策，下有对策"。有的学生，家长不准他们玩电脑，把键盘、鼠标通通藏起来，但学生又会自己去买或跟同学借，然后在半夜偷偷爬起来玩。

更严重的是，孩子表面上的"服从"，有时会造成内心的"压抑"。一次，在给一个学生作一对一辅导时，我看着他一口接着一口地吃零食，不禁很好奇地问："你现在肚子很饿吗？""没有，我只是很想吃东西。""怎么说呢？""不知道，我只要一上课，就想吃东西。"说到这里，学生的嘴巴终于停了下来，然后很认真地跟我说："老师，我觉得自己的学习压力好大喔！大到快要让我喘不过气来了！"

原来吃既不是因为孩子肚子饿，也不是因为零食很好吃，而是因为压力太大了！孩子也是人，他们也会有压力、也会感到失落，而吃东西便是他们缓解压力的一种方式。

家有小胖墩的家长，先别急着给孩子减肥。解铃还需系铃人，"心病"还得"心药"医，要想减掉他们的体重，只有先减掉他们心中的压力，才是"治本"的方法。而"治本"，又首先要从亲子关系入手，美国最新研究发现，许多小孩长大后体重持续上升，其原因多半是由于幼年时期和母亲相处得不融洽。

由俄亥俄州立大学公共卫生学院教授安德森（Sarah Anderson）所领导的研究小组，总共追踪了977名幼儿，用录像的方式，记录了他们在一至三岁时与母亲一起玩耍的过程，以此来评估亲子关系。这项活动的重点是母亲能否察觉幼儿的情绪状态，能否给予温情回应。

结果显示，与母亲关系差的小孩，到15岁时出现肥胖的比例约为26%，而母子或母女关系好的小孩出现肥胖的比例只有13%。安德森认为之所以会出现这样的结果，是因为负责处理压力的大脑区域，同样也是控制食欲和能量平衡的区域。因此有不少人总是通过吃东西来排解工作或情感上的压力，最后因吃了过量的食物而导致肥胖。而孩子和父母关系不佳，也会让他们备感压力，于是孩子就用吃东西来宣泄压力，以获得身心的平衡。

由此可知，"高压型家庭"的小孩，如果面对压力的态度或处理压力的方式不当，很容易在身心各方面出现负面情况。当家长的，在管教时一定要选择适当的方式、因材施教，这样才能取得良好的教育效果。

冷漠家庭，寒风刺骨

儿童福利联盟的这份调查报告显示，有近一成三的孩子因家长疏于关心与管教，让孩子觉得自己被冷落，仿佛处在冰箱中的冷冻室一样，心寒意冷。

有些家长可能是迫于生计的压力，爸爸要上班，妈妈也得出去赚钱贴补家用，一家人能聚在一起的时间非常少。随着聚在一起的时间越来越少，彼此的关系、能谈的话题、彼此关爱的眼神也变得越来越少……

一次，我在一间咖啡厅独自看书，邻桌有一个老师和正在给一个学生辅导功课，课程结束后，学生很恭敬地起身向老师道谢，但老师只顾收拾东西、理都不理……这一幕，真的让我感到很难过。作为师长，首先要以身作则。这个老师不知是否考虑过，老师或家长这样做，当学生的心里会怎么想？

老师也好、家长也罢，我们这些做长辈的，我们的行为、我们的眼神，是否值得孩子的信赖？孟子认为："存乎人者，莫良于眸子。眸子不能掩其恶。胸中正，则眸子了焉；胸中不正，则眸子眊焉。听其言也，观其眸子，人焉廋哉？"与其苦口婆心地要孩子信任老师、信任家长，倒不如先把自己做好！

有一句歌词说："Your eyes, they tell me how much you care!"家长和老师都要用好自己的眼神，传达给孩子应有的关心与肯定。眼睛是心灵之窗。想要认识一个人、了解一个人或想得到对方的认可，都得善用我们的眼睛。眼睛如同工具，由爱所散发的眼神，可以滋润彼此的灵魂。这样温暖且充满爱意的眼神，才能让亲子双方感受到亲情的温度，也才能让孩子对亲情有感。

忽冷忽热家庭，手足无措

儿童福利联盟的这份调查报告显示，有约一成的孩子由于家长情绪"善变"，让孩子无所适从。

我的一个朋友，她有两个儿子。一次她对我说，她自从生完二胎后，她那个调皮捣蛋的大儿子，只要一做令她感到不满的事，她的愤怒就会爆发，接着就是噼里啪啦的一顿骂。慢慢地她发现，原本很黏他的大儿子，现在与她越来越疏远，她这才意识到自己的情绪管理出了问题。

每个人都有情绪，有些家长容易发怒，有些老师也是如此。这类老师和家长恐怕得加装个情绪缓冲器——"觉察"。像我的这位朋友，当她觉察到亲子关系的变化时，就会很小心地控制自己的情绪，每当怒火再次升起时，她就靠"觉察"来缓冲——"为了什么事生气？""有必要这么生气吗？"想一想这些问题有利于控制自己的愤怒情绪。

光是控制还不够，还得为自己的焦虑和压力找个出口，所以不论多忙，不论对孩子多不放心，我这个朋友都坚持要给自己一点独处的时光，走出去换个环境，不让家人觉得她是一座随时可能爆发的活火山。

其实，那些爱发脾气的家长和老师都该为自己装个"情绪缓冲器"。因为燃烧自己，并不一定能照亮别人。加装个"情绪缓冲器"，情绪就会变得温和许多，孩子才能感受到爱的光和热！

以上这三类家庭，很容易让孩子失去经营亲子与亲人关系的动力，甚至将自己最亲的亲人视作洪水猛兽。长此以往，孩子又怎能对家庭有感？怎么能对亲人的关爱有感呢？

三、"情""理""法"维系社会人伦及秩序

社会人伦及秩序要依靠"情""理""法"来维系,"法"是最后一道"防线",人"情"义"理"才是让人伦顺利发展的关键。"家庭"是培养人"情"义"理"的摇篮,"家庭"是让孩子学会表达感情、了解做人做事道理,最重要也最基本的单位。如果每个"家庭"都能起到应有的功能,校园及社会问题就会大幅减少。

要领一: 从"时间"着手——爱孩子333守则

香港的一份研究资料显示,有将近三成半的小学生,每天与父亲相处的时间少于3小时,其中的大多数实际交谈时间甚至不足半小时。越来越多的妈妈们,因为经济的原因而外出工作,因此爸爸们应该抽出更多的时间去照顾子女。

另外,儿童福利联盟文教机构的调查也发现,台湾地区家长与孩

子的相处时间不足。有将近三成五（34.9%）的家长，每天晚上八点以后才能到家，随着父母的晚归，孩子能与家长同桌吃饭的次数也随之减少；有将近三成八（37.6%）的孩子，一星期内能跟父母同桌吃饭的天数在三天以下。此外，有近两成（18.9%）的爸爸和约一成（11.4%）的妈妈通常在晚上九点以后才能到家，别说是一起吃晚餐，就连说话的机会都几乎没有。

调查还发现，那些忙碌的家长似乎没空与孩子互动，近半数（49.6%）的孩子每天和父母聊天互动的时间不到半小时，超过两成（22.4%）的孩子与父母互动的时间甚至不到十分钟。这么短的相处时间，家长又怎么能了解孩子每天的生活情况、孩子心中的所思所想，更别说建立亲密的亲子关系了。

另外，根据台北市卫生局一次针对台北市248所学校、5万多名学生所进行的无记名心情温度计调查。调查结果显示，随着双薪家庭、单亲家庭的增多，父母陪伴子女的时间变得越来越少。

大量的资料都显示，随着社会与经济环境的改变，越来越多的父母在家中的时间减少，和子女相处的时间减少。亲子相处时间的减少，很容易形成忽视冷漠的教养态度。这种环境下长大的孩子沉迷于网络、加入帮派、吸食毒品的概率是经常有父母陪伴孩子的十倍。

可见，亲情对孩子来说非常重要！少了亲情陪伴、没有足够亲情滋润的孩子，就如同营养不良的花朵，根本没有足够的能力去抵御外界的风吹雨打和病毒虫害。

台安医院心理师林怡君认为，父母每天陪伴子女的时间越多，就越能让子女感受到关爱与被了解。如果父母每天陪伴不到1小时，子女认为父母了解自己的比例只有六成；如果父母每天陪伴孩子的时间为1~3小时，有将近九成的孩子觉得自己被父母关爱与了解，并能有比较好的亲密感，孩子的身心适应情况也将越来越好。因此建议家长最好能每天陪伴孩子1~3小时，对孩子遇到的困难及时提供帮助，这样才有利于建立亲密的亲子关系、构建温馨的家庭环境。

除此之外，还可以参考儿童福利联盟所发起的"爱孩子333守则"，即通过"拥抱30秒""倾听、陪伴30分""周三不加班"这三个具体行动，给没时间陪伴孩子的家长提供具体可行的方法。

♥ 拥抱30秒

"拥抱"是一种能表达肯定的身体语言，在拥抱的同时，别忘了给孩子正面的称赞与鼓励。通过拥抱，让孩子的身体和心理得到正面能量，在无形之中拉近彼此间的距离，使亲子关系变得更亲密。

♥ 倾听、陪伴30分

"倾听"和"陪伴"也是一种能促进情感交流的方式。"倾听"不只是听，还有一套明确且系统的操作步骤，即"聆听五部曲"，具体做法如下：

步骤一：温和的"发问"

保持开放、冷静及中立的态度。例如看到孩子时，问问他最近在校园有哪些有趣或特别的事？有没有问题，是否需要帮忙等。我曾经在电影中，看到一位很用心的爸爸，每次孩子放学回到家时，这位爸爸总会问孩子"今天有哪些有趣或开心的事呢？"久而久之，孩子就会去主动感受生活中的点点滴滴，好与父亲分享，在无形之中，拉近了亲子之间的距离。

步骤二：用心专注的"聆听"

用心聆听，让孩子感受到父母对他的关心与尊重。在听孩子讲话时，不要低头看报纸、不要看电视或电脑，也不要看其他地方。父母没有仔细专注的态度，孩子也就不可能感受到大人对他的尊重。当孩子被爱、被尊重的内心需求无法得到满足时，孩子便不再想跟父母讲话，孩子就会与父母渐行渐远……

我曾经看过一部电影，电影中的孩子每次跟爸爸说话时，爸爸不是看报纸就是看电影……时光荏苒，有次孩子跟爸爸说："我的女朋友怀孕了！怎么办？"爸爸吓了一大跳，把报纸从面前放下来，他这才发现自己的孩子，已经是个大男生了！有着奇怪颜色的染发、叮叮当当的吊饰，活像个不良少年，与他之前印象中那个乖巧的男孩相距甚远。因一时接受不了这样的改变，爸爸昏倒在沙发上……这则短片虽然很搞笑、很夸张，但是也在提醒为人父母者要用最真诚的态度与孩子相处。

步骤三：简单扼要的"摘要"

使用孩子话语中的"关键字"，尤其是感受方面的词语，如开心、难过、担心及愤怒等。比如，

孩子："不想上学了！学校好无聊喔！"

家长："不想上学？是因为无聊吗？"

（注意粗体字的部分）

"摘要"就是运用相同或重复的"关键字"来作简单扼要的"摘

要"。对于孩子所说的"不想上学了！学校好无聊喔！"家长首先要运用发问的技巧，重复孩子话语中的关键字。然后运用聆听的方法引导孩子说出心底的真心话。而不是咄咄逼人地问孩子"为什么不想上学？""学校为什么无聊？"面对问题，父母严刑逼供的姿态，很容易造成"寒蝉效应"，使亲子关系停滞甚至倒退。

步骤四：用"词语"与"选择"来"引导"

孩子年龄越小，语言越要简单。例如，青春期的男孩子开始对异性产生兴趣，当爸爸的就可以和孩子分享，自己在青春期时暗恋或追求女生的经历。在引导孩子时，要注意给孩子留下足够的弹性与空间，让孩子在"自我揭露"时，能有足够的安全感和信任感。另外，在引导时，还要注意孩子的身心成熟度。例如，孩子在婴幼儿阶段就不适合进行引导，而在学前阶段则可用选择的方式加以引导。

步骤五："速配"的"非口语沟通"

"速配"是通过模拟孩子的姿态，快速获得孩子的认可。"非口语沟通"是指用"正面"或"积极"的姿态、语调、音量和节奏来引导孩子。这两种方法能帮助家长加深孩子对自己的信任度。在使用时，不要做出叉腰、用手指或双手交叉在胸前等让人看起来觉得凶巴巴的样子，也不要用高亢的语调或者像机关枪一样，噼里啪啦一讲一大串。说话时语气及节奏要和缓、音量要保持适中，用平等的姿态与孩子沟通。比如，当孩子说："不想上学了！学校好无聊喔！"父母最好能将手边的事先放到一边，如果孩子是躺在床上向我们抱怨的话，我们也可以像孩子一样，采取相同或相似的姿势。

"聆听五部曲"虽然有一定的步骤，但是每个步骤又可以独立使用，而且不同步骤间还可以作不同的排列组合。不管你如何搭配，只要别忘了"因材施教"的基本原则就可以。"倾听"本身就是一种"陪伴"，不仅是行为上的陪伴，更会让孩子觉得心有所依。当心情好时，会有人与他分享；心情不好时，又会有人给他以支持和鼓励，而这本身就是一种最强有力的陪伴。

♥周三不加班

2004年，日本开始推广"周三不加班"活动，效果不错，到目前已经有超过八成的企业响应。受此影响，许多学校也跟着推出"无功课日"。父母不加班，孩子没作业、不补习，一家人就有了一个团聚的时间，可以共享天伦之乐。

除了日本以外，其他国家或地区也通过各种方式增加父母与孩子相处的时间。希望通过各种方式，使大家重回家庭的温暖怀抱，并且有足够的时间，培养亲子间的亲密关系。

从以上的活动看，要掌握与亲人们相处的时间，可从"点""线""面"三个层面进行。"点"从30秒的"拥抱"做起，"线"从"倾听""陪伴"30分钟做起，"面"从"周三不加班"做起。孩子在这样的活动中，必然能提高对亲情的有感度。

要领二：从"空间"着手——公私比例线

所谓的空间，是指物质存在的一种客观形式，由长度、宽度和高度构成。而我们所处的家，就是我们一生中最常接触的时空。

有句话说，"我们的家庭像是个容器，是陶冶年幼灵魂的安全之地，年幼的灵魂伴随着各种必要的元素，在这样的气氛中成长，当他们认识自己之后，将会走出家庭进入到自己生命里的强风之中。"家庭这个时空容器不像时间，因为它不是只有一种标准时间，它是经营家庭关系多元且丰富的"素材库"，它可以随家庭的文化与情境、家人的看法和感受而改变。这样的特点，既可以使空间与时间作更紧密、更贴切的结合，又能使家庭呈现出多元化，因此它可以作为提高亲情有感度的工具。

♥公共与私密

虽然家是家庭成员共有的空间，但是也要让每位成员各自拥有自己的私密空间，这一点非常重要。

在孩子还小（六岁以前）时，他们最想要的就是紧跟爸爸妈妈，借此来满足他们的需要，但是父母仍然可以保有自己的私密空间。可以就现有的家庭空间，形成一种公共区域，而这个公共区域以大人视线所及的范围为主。通过这种方式，一来可以保护孩子的安全，二是可以给孩子足够的空间，亲子之间也就能和谐相处。

在孩子开始上小学时，他的情感中心开始有所转变，开始有明显的自我意识。这时他不再像以前那样紧黏着父母不放，而是想要有些自我的空间来沉淀和发展自我意识。孩子开始想要自己的房间，好摆放及收藏自己的东西。如果没有自己的房间，他们也会为自己创造一个"秘密基地"。在那个地方，他可能会玩自己喜爱的东西，或者藏着专属于自己的秘密。

在孩子进入青春期时，孩子的自我意识开始发展成自我主张，孩子可能会用更明显的方式，来主张自己的生活风格。这时仅有专属于自己的房间还不够，他们希望拥有的，不只是这间房间的"使用权"，还需要掌握在自己手中的"所有权"。最明显的特征就是孩子在房间时，习惯将房门关起来甚至上锁。这时，孩子的房间是他的王国。未经他的允许，任何人都不得擅自闯入房间，更不能翻动他的东西。否则，在他看来就是非法入侵，不只入侵了有形的生活领域，更入侵了孩子无形的心理领域。而这往往会成为引发亲子冲突的导火线。

有些比较传统的家长认为，孩子把房门关起来，就是孩子怕被大人看见他在做坏事。上锁，更是一种挑衅和不敬的行为。这类家庭的亲子之间常因此而产生矛盾，这时亲子间应就家里公共和私密的定义及界限达成共识，以减少或避免此类冲突的发生。

♥公私比例有弹性

亲子之间，公共和私密的比例，并非如同国界般牢不可破，而要像阿尔卑斯山的雪线，随着季节的更替和气候的变化而变化。随着孩子一天天长大，家中的这条"公私比例线"也要有所变化，当孩子在幼年期（0~6岁）时，最好是8（公）：2（私）的比例；当孩子在儿童期（7~12岁）时，最好是7（公）：3（私）的比例；当孩子在青春期时，最好是6（公）：4（私）的比例。随着孩子越来越大，孩子生活空间的私有比例，也应该越来越高。

"公私比例线"不但要随孩子的年龄而有所改变，还要根据家中气候的差异而进行调整。家里的气候就是一场场的喜怒哀乐，当家中洋溢着欢乐的气氛时，"独乐乐，不如众乐乐"。与大家一起分享欢乐的气氛，欢乐的效果也将有加倍的效果。这时不妨利用好家中的公共区域，以"客厅"为家庭的主要圆心，再扩大到餐厅。那么欢乐的气氛，就能随着吃喝玩乐、说说笑笑，如涟漪般扩散出去。

当家中遇到负面的情况时，就可将"客厅"当作家里的"倾听室"。通过倾听，使大家的感受有个有形的交集点，从而凝结家中成员的向心力。另外，也可以通过私人空间，来抒发自己的情绪、沉淀自己的心情。通过公私空间的转换，大家的心情多了一个转换和转化的空间。

要领三：创造家庭文化——家庭五角星

要领一（时间）及要领二（空间）是创造幸福家庭的两大元素。接下来，我们以时间和空间为主轴，来创造属于自己的家庭文化。这个方法我们称其为"家庭五角星"，内容如下：

★第一角：家庭的旋律

旋律是指由若干长短、高低、强弱不同的一连串乐音依节奏上的一定组织关系连续奏出。旋律是音乐的基本要素，可以表现出音乐的内容、风格、体裁。在多声部的合唱或演奏中，其中一个声部的主要曲调称为"主旋律"，其他声部只起补充、烘托、润色的作用。同样的道理，家庭也可创造出特有的优美旋律。如可以以家庭成员的生日，父亲节、母亲节、儿童节、春节、中秋节为家庭旋律中的"主旋律"，而家中每天的例行事务则在家庭旋律中起补充、烘托、润色的作用。

★第二角：家务与休闲

现代家庭，好多妈妈和爸爸一样要出去赚钱养家。但是，在许多人的观念中，家务还是要由妈妈来负责，因此家务基本上都落在妈妈一个人的身上。这样的观念还在影响着下一代，一家人用餐后，家人往往会催促男孩子赶紧读书、写作业，而要求女孩子帮妈妈做家务。其实，不管男女、不论老幼，只要是家中的一分子，都有责任做家务，这才是家之所以为家的价值所在。

既有辛苦、烦琐的家务，又有多元丰富的休闲活动，这样才能维持和谐的家庭氛围。而要丰富家人的休闲活动，也不一定非得待在户外，善用巧思，室内也可以成为很棒的休闲场所。

★第三角：孩子的空间

孩子，对于家庭的重要性是不可言喻的，因此在创造家庭文化时，有必要根据他们的需要去设计和规划。这个部分可分为"室内""室外"两部分。"室内"应重点放在如何创建充满想象力的游戏空间上；"室外"则是孩子可活动的户外空间，社区内的公共设施和游乐场所，社区附近的公园及学校，都是不错的选择。

★第四角：孩子的学习

在这个部分，家长可运用多元的艺术、优美的音乐、经典的文学，来创造适合孩子的学习空间。家人可运用多元的艺术素材，来装饰自己的房间；用优美的音乐，来滋润家庭的氛围；用深厚的文学素养，来充实家庭的精神食粮。在这样的环境中，孩子不仅能提高对学习的有感度，更能深化对家的感受。

★第五角：纪律

纪律，虽然指的是纲纪规章，但从积极的角度看，它更是一种"自我管理"。之所以在最后一角提到纪律，是因为在前面四角都能均衡且稳健地发展时，"纪律"就能在这样的氛围下，自然而然地形成。

在"家庭五角星"中，"家庭的旋律"和"家务与休闲"是支撑整个五角星中的"脚"，它们共同撑起整个五角星（家庭）。"孩子的空间"和"孩子的学习"是五角星中的"双臂"，用家庭的力量，扶持孩子去接触和体验外面的世界。

"纪律"是这个五角星中的"头"。前面的"双脚"和"双手"是"头"用来实现爱与纪律的具体空间。无论我们创造的是哪种风格的家庭文化，孩子都将会用他自己的方式，回应并投射在这个具体空间中，而我们也将用头脑来接收、解读并回应。在这样的循环过程中，整个家庭就如同圣杯，彼此的感受则如同水，相互激荡又相互消融，循环不已！

四、爱，是亲情有感的热水瓶

提高亲情有感度的方法只有一个字，那就是"爱"。

十年前的一场车祸，让正值双十年华的杨佩变成植物人，
她的母亲王明月和越南籍保姆阿鲜，不离不弃，用绵延不绝
的"爱"守护她……杨佩在昏迷一年之后，竟然奇迹般地苏
醒了。

（自由时报20110803）

说到对亲情"无感"，还有谁能比植物人更无感呢？但"爱"却能
唤醒毫无知觉的植物人，这真是用爱创造的奇迹。爱，既然能帮助植物
人唤醒他们的意识、恢复他们的知觉、启动他们的感受，当然也能提高
我们对亲情的有感度。

在生活中，又该如何去发挥"爱"的精神呢？其实，对于爱，既不
必"爱在心底口难开"，也不必爱到死去活来。在我们的生活中，可以

通过一些具体的步骤，让爱创造奇迹。

友善家庭LOVEABC，家是爱的摇篮

2011年，《亲子天下》曾推广过"友善家庭LOVEABC，守护家庭新行动"系列活动。这个活动的目的是希望能唤起大家对家庭的关注，让"缺席父亲"和"高压母亲"不再因为对事业和金钱的追求，而忽略甚至牺牲家庭和孩子的幸福。

充满亲情味的家庭，是培育孩子最重要的摇篮，也是国家发展的重要基础。当孩子对家庭充满失望时，他们对自己及国家的未来也将充满负面的感受。因此爱护自己的家庭，就等于爱护我们的下一代。

爱是一种亲密的感情，在感情的催化下，我们愿意主动表达关怀和爱。充满爱的家庭氛围，才能彰显家庭的价值。爱，不仅是异性之间罗曼蒂克的恋爱，更是维系人伦的那条无形的线。想要在家庭中发挥爱，就要从A-B-C开始！

♥Accompany陪伴：陪伴是一切关系的基础。

每天从关掉电视与电脑开始，至少陪伴家人30分钟，在这段时间内，专注地倾听、诚恳地回应，将会使彼此的关系更加亲密。因此，爱家人要从优质的陪伴开始。

25岁的自闭症患者宏洋，在他4岁时，还不会开口说话，后来心急如焚的妈妈，带着他到处寻名医、找秘方，甚至求神问卜，最后他被诊断出自闭症，妈妈也只好接受这个全天下父母都不愿接受的事实。

刚开始全家人都陷入了痛苦之中，但画画却开启了他生

命的另一扇窗。他从开始乱涂鸦到能用亮眼的色彩、精致的线条，画出精致且庄严的佛像和寺庙。

他的家人始终用爱真心陪伴，相信他能用自己的画，画出专属于他自己的人生。这就是陪伴！这就是爱！

♥Balance平衡：平衡工作与家庭、平衡父职与母职。

给生活中的各种事按轻重缓急排个次序，在排序之前，先了解这些人或事在自己生命中的优先级，让夫妻共同承担起亲职的工作，给孩子没有父母缺席的幸福。

一位从事网站企划的朋友，常常为了工作而日夜加班，因为白天常常忙着开会，到了晚上往往才是工作的真正开始。有时一个项目接着一个项目，就这样，他常常以办公室为家……直到有一天，他回家后发现，他那个刚上幼儿园的孩子都快要不认识他了。

那一瞬间，他感到既难过又自责，但除了怪他自己又能责怪谁呢？他当然爱自己的小孩，否则也不会那么努力地赚钱。可是，失衡的生活会让家庭失去稳定的力量，让这个家庭的成员产生不安的心灵……

在工作告一段落后，他毅然辞掉这份待遇优厚的工作。虽然新找的工作与之前的薪水相差很多，但至少不必天天加班。虽然收入少了、手头紧了，但至少能够天天看到自己心爱的家人。这就是他最大的收获！

♥Commit承诺：从说"我愿意"那一刻开始，家庭的核心，就是承诺。

当情侣们决定互许终身，在红毯的那一端说"Yes！"时，就是终身的承诺。当孩子呱呱坠地时，那响亮的哭声，也是在提醒为人父母者，兑现承诺的开始！

承诺本身就是爱的具体实现。实现什么呢？且让我们来欣赏这首《爱的真谛》：

　　　爱是恒久忍耐又有恩慈

　　　爱是不嫉妒

　　　爱是不自夸不张狂

　　　不做害羞的事

　　　不求自己的益处

　　　不轻易发怒

　　　不计算人家的恶

　　　不喜欢不义只喜欢真理

　　　凡事包容、凡事相信

　　　凡事盼望

　　　凡事忍耐、凡事要忍耐

　　　爱是永不止息

不管我们对亲人或对家庭承诺什么，只要能发挥爱的精神，那么承诺就有其珍贵且信守的价值。创作歌手詹雅雯很少做宣传，但她的歌曲还是能红透半边天。八年来，她一直担任志工教诲师，几乎走遍台湾地区的所有监狱。

一个在台中服刑的爸爸，为了不让女儿难过，就和家人骗孩子说，爸爸要赚钱养家，所以需要不断地加班出差。一次，詹雅雯在台中监狱办活动，活动内容是让每位服刑的人，写一封信给想感谢的人，得奖的人可和她当面拥抱。女孩的父亲得奖了！他站在台上，哭着对十一岁的女儿说出他迟迟年无法回家的原因，并且承诺，女儿是他继续活下去的唯一力量，他要为她而活！

这就是亲情和承诺的力量！善用承诺，不仅能维系亲情，还能为自己带来正能量。从此刻起，就为自己和自己的亲人许下爱的承诺，不断激励自己遵守承诺、发挥爱的精神吧！

如果我们能善待自己的家庭，遵循LOVEABC三步骤，那么孩子对亲情的有感度，就会像热水瓶一样，既可保温，又可加温。爱的力量也就能源源不断！

★ **惜情小故事：**

2012年中考前一个月，马上就要参加中考的吴昌贤，突逢丧母之痛。此后，他化悲痛为力量，每天熬夜苦读以告慰母亲的在天之灵，最终取得优异成绩。我的妈妈看完这则新闻后，很感慨地说："考再高的分他妈妈也看不到了……"听完妈妈的话，我不禁反省自己够不够孝顺？有没有做让妈妈不高兴的事？是呀，孩子取得再大的成绩、赚再多的钱，都不能弥补没有孝顺双亲的遗憾。

跋

看完本书，相信你对如何提升孩子的有感度，已经有了基本的概念和具体可行的方法，现在就只差一个动作，那就是——Just do it! 当然在实际运用这些工具或方法时，并不一定能马上见效，但是"千里之行，始于足下。"只要迈出那第一步，就是好的开始，就是成功的一半！

不管是生活无感、学习无感、道德无感、金钱无感还是亲情无感，最主要的症结点，就在于这个"宅"字。"宅"，就像一串肉粽的头，将生活、学习、道德、金钱及亲情紧紧地结合在一起。当孩子这颗心被"宅"毒所占据时，如同心脏中了"宅"毒，将会随着全身血液的流动而循环不已。时间一长，整个神经系统，都将会渐渐麻痹以至于无感，成为名副其实的宅小孩！

抢救宅小孩，就要像电影抢救雷恩大兵一样，有一颗义无反顾的心，把身陷宅病毒的小孩，从危险且不健康的环境中救出来。本书所介绍的各种具体办法，简单来说就是帮孩子换一颗"心"，因为感受都来自于"心"，无感不是无心，而是宅小孩的心，需要一个更健康的环境、需要一个更强有力的马达才能重新启动，并发挥它应有的功能，也就是有所感。

所谓的健康环境，并不是没有任何细菌和病毒的地方，而是指孩子有足够的认知、能力和智慧，借以形成足够防御宅病毒入侵的生命系统。这个系统，需要有强有力的马达，也就是"心"，一颗能跳动更能感动的心，那么整个生命系统将是一种有机体。这样，就能使我们的孩子对生命、人群、事物、文学、音乐等感兴趣。他们能深刻感受到世界的丰富多元：珍贵的宝藏、美丽的灵魂、有趣的人群。

爱因斯坦说："放弃感动的人，如同行尸走肉，生亦若死。"牛顿说："我像是在沙滩上玩耍的孩子，有时找到了美丽的贝壳，我会喜悦不已；更让我雀跃的是：真理的大海在我眼前无限延伸，等待我去探寻。"而这正是我和大家，所期待的具有这种"感质"的孩子，有了这种感质，孩子才能有感，才能过更有活力、更有热情的生活，并不断追求新的感质……

别忘了！要想培养出充满人文、活泼、生动感质的孩子，做父母的首先要做到以身作则。这样，孩子才能在大人的感染下，不断更新他的感质，创造出有感的生活！

现在的我，宁愿慢下来，

和宝贝一起欣赏这个世界的美丽。

爱立方
Love cubic

育儿智慧分享者